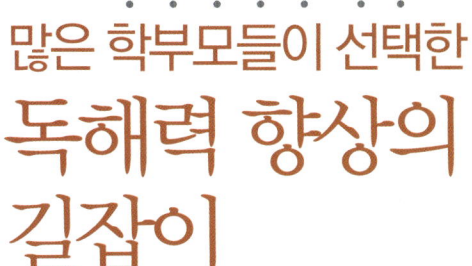

많은 학부모들이 선택한
독해력 향상의 길잡이

공습국어 초등독해는 2008년 첫 선을 보인 이래로 많은 학부모와 학생들로부터 남다른 관심과 사랑을 받고 있습니다. 공습국어 초등독해가 이렇게 짧은 시간 안에 초등 독해력 학습을 대표하는 교재로서 자리를 잡을 수 있었던 것은 아이들이 부담 없이 재미있게 공부할 수 있도록 놀이와 학습 요소를 적절히 배치하여 독해력 향상을 위해 꼭 알아야 할 필수 학습 내용을 쉽게 익힐 수 있도록 구성했기 때문입니다.

그런데 단계별로 교재의 수가 적어 서너 달이 지나면 더 이상 단계에 맞는 독해력 학습을 지속할 수 없는 문제가 있었습니다. 그렇다고 다음 단계로 넘어가는 것도 학년 수준에 맞지 않아 몇 달 동안 이어온 학습 흐름이 끊어질 수밖에 없었습니다.

이번에 추가로 독해력 교재를 출간하게 된 것은 **각 단계에 맞는 독해력 학습을 적어도 1년 정도는 꾸준히 진행**할 수 있게 하기 위해서입니다. 이렇게 함으로써 다음 단계를 학습할 때까지의 기간을 최소화하거나 바로 다음 단계로 넘어가더라도 큰 어려움 없이 적응할 수 있을 것입니다.

심화 교재는 기본 교재와는 다른 문제 유형으로 코너를 구성하였습니다. 이는 **같은 유형을 반복함으로써 오는 지루함을 없애고 문제 풀이 방법이 관성화되는 것을 막기 위해서**입니다. 또한 기존 독해력 교재에서 다루지 않았던 유형을 다룸으로써 글을 읽고 분석하는 능력을 좀 더 심화시키기 위해서입니다.

새로 출간한 공습국어 초등독해는 그간 독해력 교재를 이용해 온 학부모와 학생들의 의견을 반영한 산물입니다. 물론 새로운 교재 구성이나 내용을 모든 학부모와 학생이 만족스러워 할 것이라고 생각하지는 않습니다. 주니어김영사는 교재에 대한 질책과 격려 모두를 소중히 받아 안을 것입니다. 항상 열린 자세로 최대한 교재를 효과적으로 이용할 수 있도록 도와드릴 것이며 아울러 더 좋은 교재로 다가가기 위해 노력하겠습니다.

감사합니다.

공습국어 초등독해 학습 전략

"
공습국어 초등독해는 다양한 갈래의
글감 읽기를 통해 정독 습관을 길러주는
독해력 훈련 프로그램으로, 글의 구조와 내용을
파악하는 효과적인 절차와 방법을 습득함으로써
잘못된 읽기 습관을 바로 잡고 독해에 대한
자신감을 심어줍니다.
"

기본과 심화의 연속된 독해 학습 과정

공습국어 초등독해는 전 과정이 학년에 따라 나누어져 있습니다. 크게 1·2학년, 3·4학년, 5·6학년 3개의 과정으로 이루어져 있습니다. 그리고 각 과정별로 기본 Ⅰ·Ⅱ·Ⅲ, 심화 Ⅰ·Ⅱ·Ⅲ 단계로 구성되어 있습니다.

과정	단계	
1 · 2학년	기본	Ⅰ, Ⅱ, Ⅲ 단계
	심화	Ⅰ, Ⅱ, Ⅲ 단계
3 · 4학년	기본	Ⅰ, Ⅱ, Ⅲ 단계
	심화	Ⅰ, Ⅱ, Ⅲ 단계
5 · 6학년	기본	Ⅰ, Ⅱ, Ⅲ 단계
	심화	Ⅰ, Ⅱ, Ⅲ 단계

기본 단계와 심화 단계는 서로 다른 구성과 학습 목표를 가지고 있습니다. 기본 단계는 낱말이 가지고 있는 기본적인 의미와 다른 낱말과 관계를 파악하는 단계입니다. 심화 단계는 유추와 연상 활동을 통해 낱말이 가지는 다양한 의미를 알고 정확하게 낱말을 읽고 쓰는 단계입니다.

기본 단계와 심화 단계는 서로 동떨어져 있는 것이 아니라 연속된 훈련 단계입니다. 따라서 공습국어 초등독해를 처음 시작하는 경우는 기본 단계부터 순서대로 학습하는 것이 학습 효과를 극대화할 수 있습니다.

물론 공습국어 초등독해 기본 단계로 학습한 경험이 있다면 각 과정의 심화 단계를 공부해도 괜찮습니다. 하지만 1·2학년 과정에서 기본 단계를 학습하고 현재 3학년이나 4학년이 되었다면 3·4학년 과정의 심화 단계보다는 3·4학년 과정의 기본 단계부터 시작하거나, 1·2학년 과정의 심화 단계를 한 다음 3·4학년 과정의 기본 단계로 넘어가는 것이 좋습니다.

글밥지도를 통해 글의 짜임과
내용을 한눈에 파악한다!

공습국어
초등독해의 특징

 하나 마인드맵을 이용한 독해력 훈련

공습국어 초등독해는 효과적인 학습 방법으로 주목을 받고 있는 마인드맵을 이용하여 글감의 짜임과 내용을
분석하고 정리하는 방법을 제시하고 있습니다. 글감의 중심 생각이나 소재를 가운데에 놓고 이로부터 생각의
가지를 뻗어나가면서 세부 주제와 관련된 내용을 정리하다 보면 어느새 글감의 전체 구조와 내용을 한눈에
파악할 수 있을 것입니다.

 둘 국어 평가 방향에 맞춘 갈래별 문제 구성

글의 갈래는 크게 정서를 표현하는 글, 설득하는 글, 정보를 전달하는 글로 구분할 수 있습니다. 글은
갈래별로 표현하는 방식이나 목적이 다르기 때문에 글을 읽을 때 갈래별 특성에 맞게 읽어야 합니다. 초등
국어 교육 과정에서도 갈래별 특성에 맞는 글 읽기를 위해 글감의 갈래에 따른 평가 방향을 정하여 놓고
있는데, 공습국어 초등독해는 이러한 평가 방향에 맞추어 갈래별로 문제를 구성하였습니다.

 셋 사실적 이해와 비판적 이해를 위한 전략 제시

사실적 이해와 비판적 이해는 글감의 내용을 입체적으로 파악하기 위해 거쳐야 할 필수 과정입니다. 따라서
공습국어 초등독해에서는 '글밥지도 그리기' 꼭지를 통해 글감의 사실적 이해를 다루었으며, '끄덕끄덕 공감하기'와
'요목조목 따져보기'를 통해 비판적, 추론적 이해를 다루었습니다. 사실적 이해 단계는 각 문단별 중심 내용과 글의
짜임, 그리고 글 전체를 간추리며 글의 중심 생각을 파악하는 것이라고 한다면, 비판적 이해 단계는 글쓴이의
의도를 이해하고 내용의 적절성에 대한 주관적, 객관적 판단을 하는 것이라고 볼 수 있습니다.

 넷 재미있고 다양한 생활 밀착형 글감 구성

공습국어 초등독해는 설명하는 글이나 설득하는 글과 같이 독해를 위한 기본 글감 이외에도 일상생활에서 자주
보게 되는 광고문이나 기사문, 아이들이 직접 쓰는 일기, 보고문, 기록문, 감상문 등 여러 형식의 글감을 다양하게
싣고 있습니다. 이렇게 친숙한 소재와 형식의 글들은 독해에 대한 부담을 줄이고 재미있게 글을 읽을 수 있도록
도와줍니다.

마인드맵과 독해력

마인드맵은 영국의 언론인이자 교육심리학자인 토니 부잔(Tony Buzan)이라는 사람이 고안해낸 두뇌 계발 및 생각 정리의 기법입니다. 토니 부잔은 대학 시절 자신이 연구해야 할 분량이 점점 많아지자 이를 효과적으로 정리하고 기억할 수 있는 방법이 없는지 고민을 하게 됩니다. 이 당시 그가 방법을 찾기 위해 스스로에게 던진 질문을 보면 마인드맵이 어떤 유용한 역할을 수행할 수 있는지를 엿볼 수 있는데 몇 가지 질문의 예를 들자면 다음과 같은 것이 있었습니다.

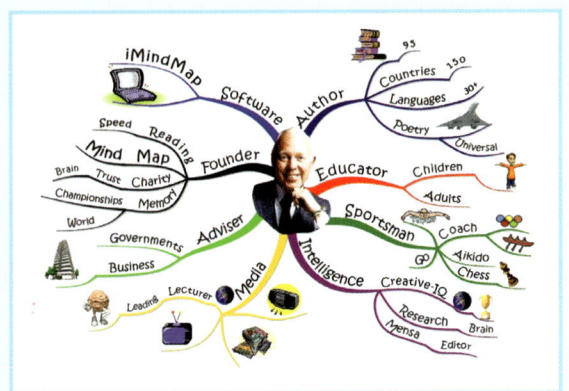

▲ 토니 부잔의 마인드맵 이미지

- 어떻게 배울 것인가?
- 사고의 본질은 무엇인가?
- 기억에 가장 도움이 되는 학습 기법은 무엇인가?
- 독서에 가장 도움이 되는 방법은 무엇인가?
- 창조적 사고에 가장 효과적인 학습 방법은 무엇인가?

토니 부잔이 스스로에게 던진 질문 가운데 '독서에 가장 도움이 되는 방법은 무엇인가?'라는 것이 있습니다. 이는 책을 읽고 책의 내용을 정리하는 방법으로서 마인드맵의 역할을 이미 고려하고 있었다는 것을 알 수 있습니다. 실제로 그의 바람대로 마인드맵은 책의 내용을 분석하고 정리하는 데 가장 효과적인 수단이 되고 있습니다.

마인드맵은 학습 방법으로도 그 효과가 매우 뛰어나 실제로 많은 학생들이 공부한 내용을 정리하는데 적극적으로 활용하고 있습니다. 〈공부 9단 오기 10단〉의 저자로 잘 알려진 박원희나 미스코리아 출신으로 하버드에 합격한 금나나 등 공부 잘하는 사람들의 공부 방법을 들여다보면 마인드맵을 비중 있게 활용하고 있음을 쉽게 확인할 수 있습니다.

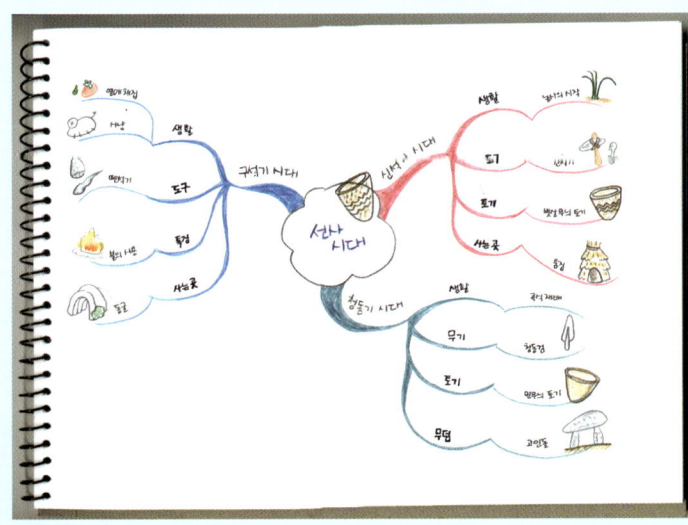

▲ 마인드맵으로 국사를 정리한 노트

마인드맵(Mind map)은 주제와 관련된 세부 내용들을 여러 갈래로 가지를 그려나가며 체계적으로 정리하는 것으로 학습 방법으로도 그 효과가 매우 뛰어나 실제로 많은 학생들이 공부한 내용을 정리하는데 적극적으로 활용하고 있습니다.

마인드맵을 그리는 방법은 토니 부잔의 마인드맵 이미지를 보면 알 수 있듯이 매우 간단합니다. 중심이 되는 주제나 생각을 가운데에 놓고 중심 생각과 관련 있는 주제들을 나뭇가지처럼 배열하면 됩니다. 만약 주제와 연관된 하위 주제나 생각이 있다면 상위 주제에 새로운 가지를 연결하여 내용을 적어주면 되는데 과장해서 표현하자면 생각의 가지는 새로운 주제나 내용이 있는 한 무한대로 연결할 수 있을 것입니다.

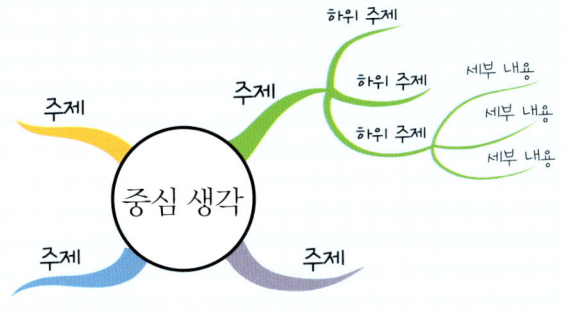

▲ 마인드맵을 그리는 기본적인 방법

그리고 마인드맵을 그릴 때 주제나 세부 내용과 관계된 도식이나 이미지를 첨부한다면 좀 더 풍부하고 재미있게 마인드맵을 꾸밀 수 있고 나중에 내용을 파악하는데도 많은 도움이 됩니다.

마인드맵의 가장 큰 장점은 세부적인 내용을 효과적으로 정리할 수 있는 것도 있지만 무엇보다도 전체적인 줄기를 파악할 수 있다는 것과 많은 내용 중 핵심적인 내용만 축약하여 한눈에 볼 수 있다는 것입니다.

이와 같은 장점은 앞에서도 언급했듯이 책의 내용을 분석하고 정리하는 데 매우 효과적입니다. 책에는 전달하고자 하는 주제가 있고, 이야기나 사건이 있으며, 그런 이야기나 사건을 구성하는 인물이나 배경, 그리고 다양한 정보들이 글의 구조와 인과 관계에 따라 촘촘히 배치되어 있습니다. 이렇게 많은 내용들을 종이 한 장에 정리해야 한다고 할 때 무엇을 어떻게 시작해야 할지 막막할 것입니다. 그러나 마인드맵을 그릴 수 있다면 짧은 시간 안에 핵심적인 내용들을 어렵지 않게 정리할 수 있습니다. 아래의 그림은 흥부와 놀부 이야기를 간단하게 마인드맵으로 정리해 본 것입니다. 글의 갈래마다 글의 내용을 파악하기 위한 기본적인 주제들이 있으므로 어떻게 주제를 잡아야 할지 모르겠다면 기본 주제들을 가지고 가지로 연결하면 누구나 쉽게 마인드맵을 그릴 수 있습니다.

공습국어 초등독해는 마인드맵을 통한 독해 훈련 워크북이라고 불릴 수 있을 만큼 글감의 짜임과 내용을 파악하는 방법으로 마인드맵을 적극적으로 활용하고 있습니다. 이 교재를 마칠 때쯤이면 어떤 책을 보던지 빈 종이에 책의 내용을 마인드맵으로 쉽고 정확하게 정리해 낼 수 있을 것입니다.

▲ 간단한 독서 마인드맵의 예

교재 구성 한눈에 보기

제시문

'꼼꼼히 집중하여 읽기'의 가장 첫 번째 활동은 바로 오늘 읽어야 할 글을 읽는 것입니다. 제시문은 이야기 글, 전래 동요, 극본 등 정서를 표현하는 글과 설명하는 글, 광고하는 글 등의 정보를 전달하는 글, 주장하는 글, 부탁(제안)하는 글 등의 설득하는 글로 이루어져 있으며 소재 및 주제 또한 다양하게 구성되어 있습니다.

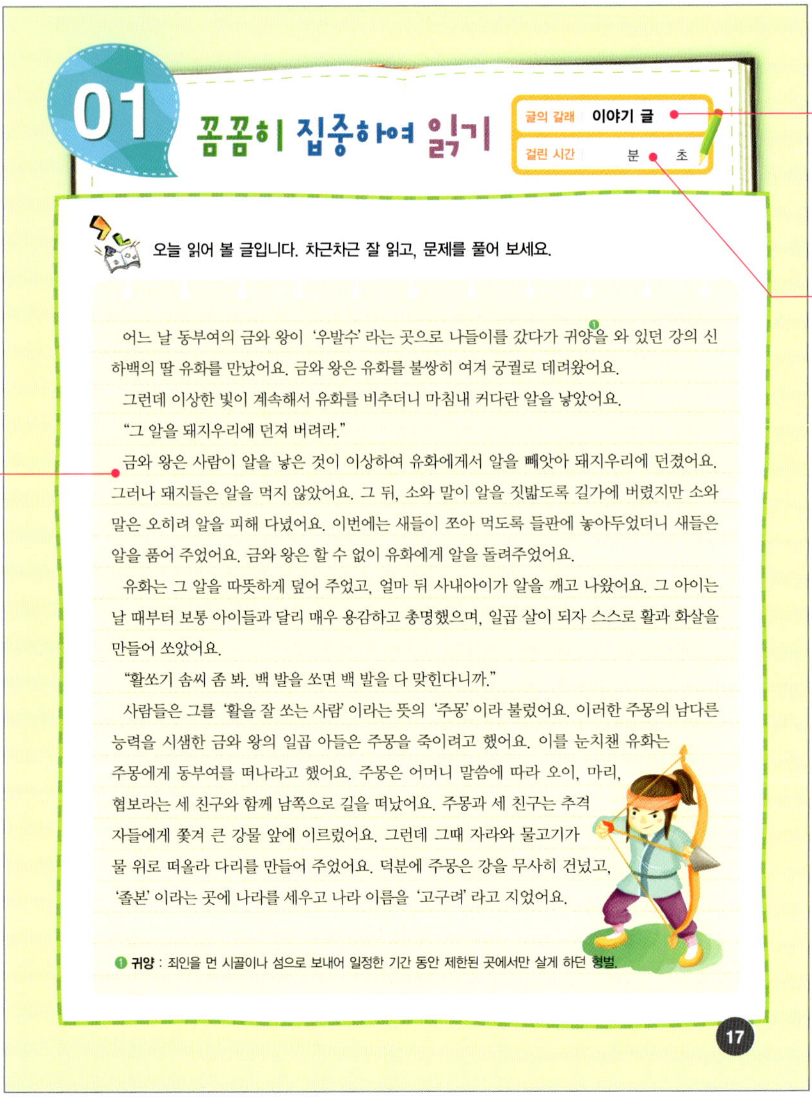

01 꼼꼼히 집중하여 읽기

글의 갈래	이야기 글
걸린 시간	분 초

오늘 읽어 볼 글입니다. 차근차근 잘 읽고, 문제를 풀어 보세요.

어느 날 동부여의 금와 왕이 '우발수' 라는 곳으로 나들이를 갔다가 귀양① 을 와 있던 강의 신 하백의 딸 유화를 만났어요. 금와 왕은 유화를 불쌍히 여겨 궁궐로 데려왔어요.

그런데 이상한 빛이 계속해서 유화를 비추더니 마침내 커다란 알을 낳았어요.

"그 알을 돼지우리에 던져 버려라."

금와 왕은 사람이 알을 낳은 것이 이상하여 유화에게서 알을 빼앗아 돼지우리에 던졌어요. 그러나 돼지들은 알을 먹지 않았어요. 그 뒤, 소와 말이 알을 짓밟도록 길가에 버렸지만 소와 말은 오히려 알을 피해 다녔어요. 이번에는 새들이 쪼아 먹도록 들판에 놓아두었더니 새들은 알을 품어 주었어요. 금와 왕은 할 수 없이 유화에게 알을 돌려주었어요.

유화는 그 알을 따뜻하게 덮어 주었고, 얼마 뒤 사내아이가 알을 깨고 나왔어요. 그 아이는 날 때부터 보통 아이들과 달리 매우 용감하고 총명했으며, 일곱 살이 되자 스스로 활과 화살을 만들어 쏘았어요.

"활쏘기 솜씨 좀 봐. 백 발을 쏘면 백 발을 다 맞힌다니까."

사람들은 그를 '활을 잘 쏘는 사람' 이라는 뜻의 '주몽' 이라 불렀어요. 이러한 주몽의 남다른 능력을 시샘한 금와 왕의 일곱 아들은 주몽을 죽이려고 했어요. 이를 눈치챈 유화는 주몽에게 동부여를 떠나라고 했어요. 주몽은 어머니 말씀에 따라 오이, 마리, 협보라는 세 친구와 함께 남쪽으로 길을 떠났어요. 주몽과 세 친구는 추격 자들에게 쫓겨 큰 강물 앞에 이르렀어요. 그런데 그때 자라와 물고기가 물 위로 떠올라 다리를 만들어 주었어요. 덕분에 주몽은 강을 무사히 건넜고, '졸본' 이라는 곳에 나라를 세우고 나라 이름을 '고구려' 라고 지었어요.

❶ 귀양 : 죄인을 먼 시골이나 섬으로 보내어 일정한 기간 동안 제한된 곳에서만 살게 하던 형벌.

17

오늘 읽어 볼 제시문의 갈래가 표시되어 있습니다.

해당 단원을 푸는 데 걸린 시간을 적습니다.

정서를 표현하는 글, 정보를 전달하는 글, 설득하는 글을 세분화하여 다양한 갈래의 글로 구성되어 있습니다.

공습국어 초등독해는 모두 30회 과정으로 구성되어 있습니다. 꼼꼼히 집중하여 읽기는 각 회별로 다양한 갈래 폭넓은 주제를 다룬 제시문과 앞에서 읽은 글의 내용을 마인드맵으로 그리며 정리하는 '글밥지도 그리기', 사실적 이해력과 비판적 이해력, 그리고 추론 능력을 향상시킬 수 있는 '끄덕끄덕 공감하기', '요목조목 따져보기'로 구성되어 있습니다.

글밥지도 그리기

앞에서 읽은 글의 내용 및 구조를 마인드맵으로 그려 보는 꼭지입니다. 핵심적인 단어와 문장을 정리해 본 다음, 글의 짜임, 문단, 순서, 구성을 살펴보고 글과 어울리는 제목을 찾아볼 수 있도록 구성되어 있습니다.

주제 찾기
글의 중심 소재나 주제, 인물 등을 보기에서 찾아봅니다. 주제 상자에는 주제를 찾는 데 힌트가 되는 이미지가 삽입되어 있어 보다 쉽게 문제를 해결할 수 있습니다.

글밥지도 채우기
글의 내용 중 핵심적인 단어나 문장을 보기에서 찾아봅니다.

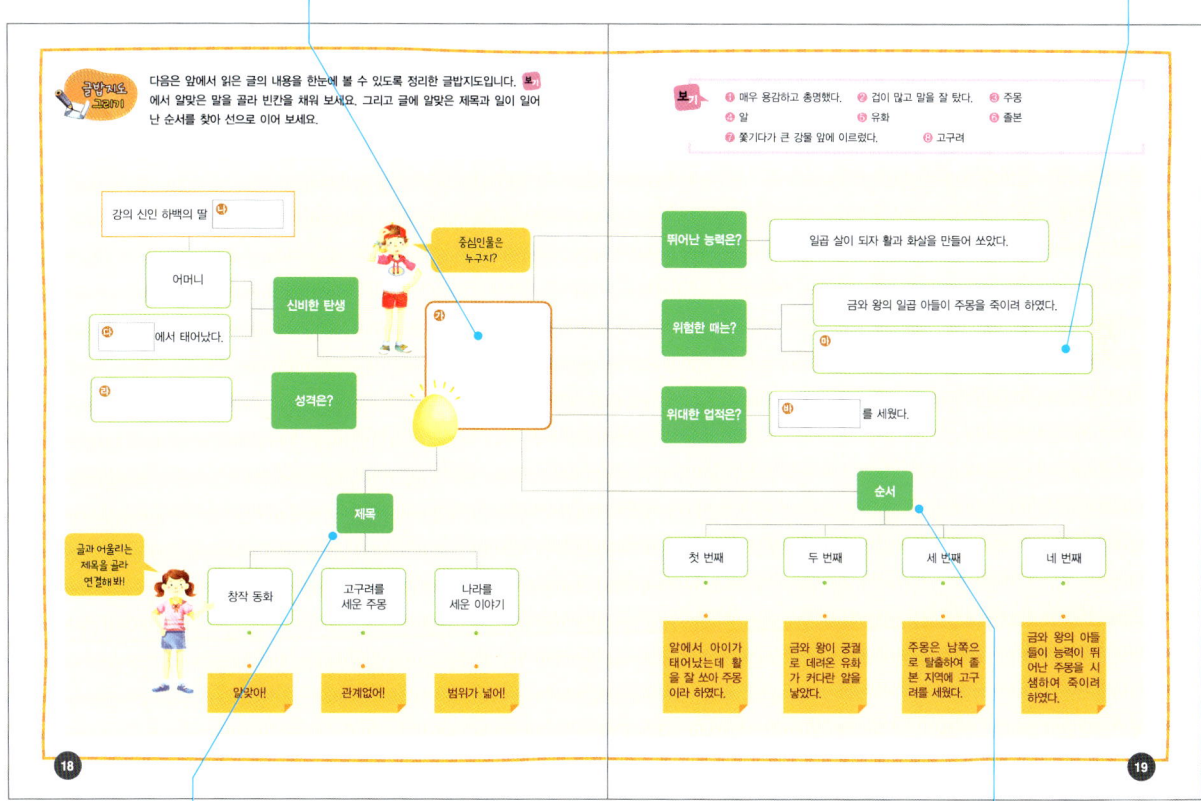

제목 찾기
글에 가장 알맞은 어울리는 제목을 찾아 선으로 연결해 봅니다. 글의 제목은 글쓴이의 중심 생각이 들어 있는 핵심적인 내용이므로 글과 제목 후보와의 관계에 대해 고민하는 사이에 사고력과 글의 핵심을 찾아내는 감각을 동시에 기를 수 있습니다.

구성 파악하기
글의 짜임과 구성, 사건의 순서, 문단과 문단의 관계 및 문단의 내용을 정리해 선으로 연결해 봅니다. 이 과정을 통해 글의 흐름이나 구성을 한눈에 파악할 수 있습니다.

끄덕끄덕 공감하기, 요목조목 따져보기

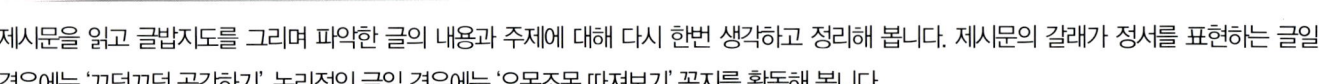

제시문을 읽고 글밥지도를 그리며 파악한 글의 내용과 주제에 대해 다시 한번 생각하고 정리해 봅니다. 제시문의 갈래가 정서를 표현하는 글일 경우에는 '끄덕끄덕 공감하기', 논리적인 글일 경우에는 '요목조목 따져보기' 꼭지를 활동해 봅니다.

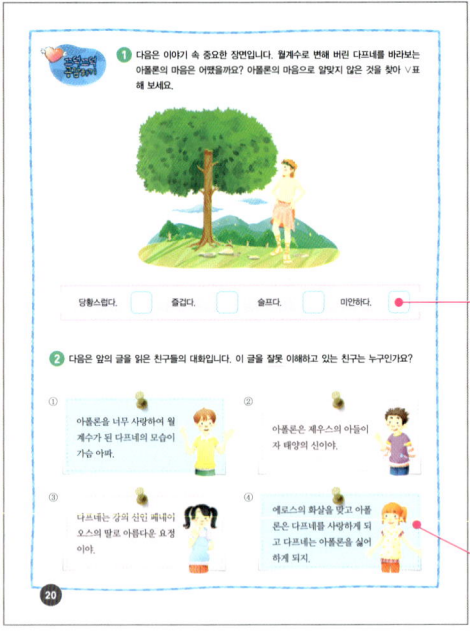

'끄덕끄덕 공감하기' 꼭지의 첫 번째 문항에서는 등장인물의 생각이나 느낌을 정리하거나, 그것에 대한 나의 의견이나 비슷한 경험에 대해 짧게 적습니다. 등장인물에 대해 공감하고, 이해한 다음 이것을 바탕 나의 생각 및 태도와 연결 지어 보며 공감적 이해력 및 창의력을 기를 수 있습니다.

끄덕끄덕 공감하기와 요목조목 따져보기 꼭지의 두 번째 문항은 모두 글을 읽고 바른 의견 또는 바르지 못한 의견을 낸 친구를 찾아내는 사지선다형 활동입니다. 이를 통해 앞서 읽은 글의 내용을 정리하며 비판적 이해력과 추론적 이해력을 향상시킬 수 있습니다.

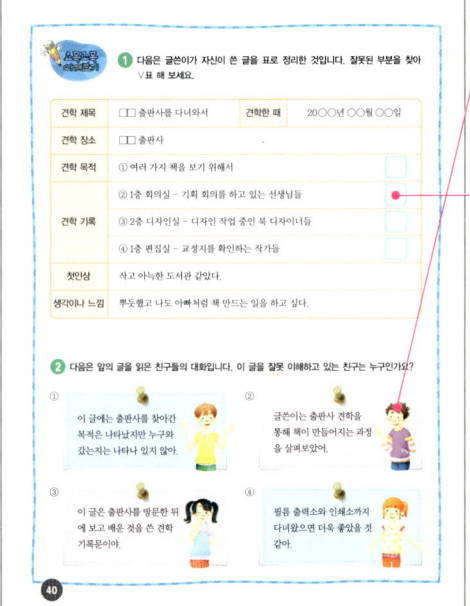

'요목조목 따져보기' 꼭지의 첫 번째 문항에서는 앞에서 읽은 글의 구조와 내용을 확인하거나, 글쓴이의 주장과 근거를 따져 봅니다. 이를 통해 사실적 이해력을 넘어 비판적 사고력을 기를 수 있습니다.

공습국어 초등독해의 지문 구성 및 읽기 전략

공습국어 초등독해의 특징은 갈래별 글읽기입니다.
각 회에 수록된 제시문은 크게 정서를 표현하는 글과
논리적인 글로 나누어볼 수 있습니다.
공습국어 초등독해의 지문 구성과 이에 따른
갈래별 읽기 전략은 다음과 같습니다.

하나 공습국어 초등독해 지문 구성

공습국어 초등독해 지문은 크게 정서를 표현하는 글과 논리적인 글로 나뉘어 골고루 수록되어 있습니다. 1·2학년의 경우 두 갈래의 비중이 같고, 5·6학년의 경우 논리적인 글의 수가 더 많습니다.

정서를 표현하는 글

이야기 글	읽기·편지	감상문	기행문	동요·동시·시조

논리적인 글

설득하는 글		정보를 전달하는 글		
주장(설득)하는 글	부탁(제안)하는 글	설명하는 글	보고하는 글	광고하는 글

둘 갈래별 읽기 전략

공습국어 초등독해에서는 초등교육과정을 바탕으로 다음과 같이 갈래별 읽기 전략을 제시하고 활동을 구성하였습니다.

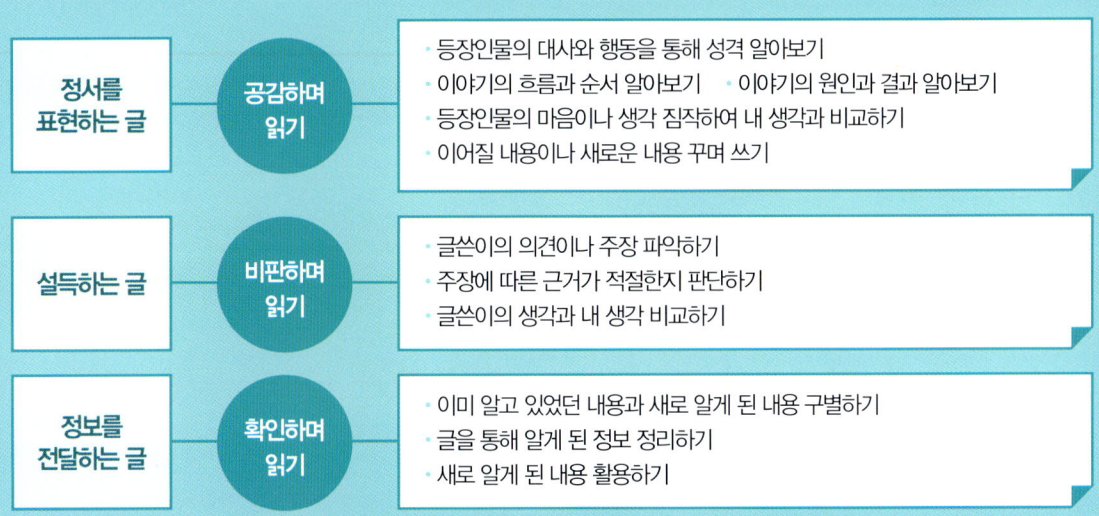

정서를 표현하는 글 — 공감하며 읽기
- 등장인물의 대사와 행동을 통해 성격 알아보기
- 이야기의 흐름과 순서 알아보기 · 이야기의 원인과 결과 알아보기
- 등장인물의 마음이나 생각 짐작하여 내 생각과 비교하기
- 이어질 내용이나 새로운 내용 꾸며 쓰기

설득하는 글 — 비판하며 읽기
- 글쓴이의 의견이나 주장 파악하기
- 주장에 따른 근거가 적절한지 판단하기
- 글쓴이의 생각과 내 생각 비교하기

정보를 전달하는 글 — 확인하며 읽기
- 이미 알고 있었던 내용과 새로 알게 된 내용 구별하기
- 글을 통해 알게 된 정보 정리하기
- 새로 알게 된 내용 활용하기

글밥지도 그리기는 이렇게 풀어요!

❶ 글밥지도를 그리기 전, 지시문을 꼼꼼하게 살펴보세요. 빈칸을 채워넣는 활동은 매회 반복되지만 제목과 글의 구조, 글의 흐름을 파악하는 활동은 회마다 조금씩 차이가 있기 때문에 지시문을 잘 살펴 보아야 합니다.

❷ 지시문을 이해한 다음엔 글밥지도의 중심이 될 단어를 찾습니다. 주제 상자 옆이나 위에 놓인 지시문을 잘 읽고 정답을 보기에서 찾아 써 봅니다. 이야기의 등장인물, 글의 중심 소재 및 주제, 시의 화자나 지은이가 주로 글밥지도의 중심에 놓이게 됩니다. 이때 주제 상자에 그려진 이미지가 정답의 힌트가 되니 참고하세요.

❹ 글밥지도의 모든 빈칸을 채웠다면, 다음으로 글에 어울리는 제목을 찾아 선으로 연결해 봅니다.

글밥지도 그리기

다음은 앞에서 읽은 글의 내용을 한눈에 볼 수 있도록 정리한 글밥지도입니다. 보기 에서 알맞은 말을 골라 빈칸을 채워 보세요. 그리고 글에 알맞은 제목과 일이 일어난 순서를 찾아 선으로 이어 보세요.

강의 신인 하백의 딸 ㉯

어머니

㉰   에서 태어났다.

신비한 탄생

중심인물은 누구지?

㉮

㉱

성격은?

제목

글과 어울리는 제목을 골라 연결해봐!

창작 동화

고구려를 세운 주몽

나라를 세운 이야기

알맞아!

관계없어!

범위가 넓어!

'글밥지도 그리기'는 오늘 읽은 제시문을 마인드맵 형식의 글밥지도로 표현해 보는 활동입니다. 가장 핵심적이었던 단어, 인물을 주제로 삼아 마인드맵의 형식으로 글의 내용을 체계적으로 정리해 본 다음, 글의 제목과 짜임에 대해 생각해 봅니다. 글밥지도에는 제시문에서 다루어진 중요한 내용을 확인하는 4~8개의 빈칸과 제목 찾기, 문단 내용 찾기 등 1~2가지의 선 긋기 활동이 있습니다.

보기

❶ 매우 용감하고 총명했다.   ❷ 겁이 많고 말을 잘 탔다.   ❸ 주몽
❹ 알   ❺ 유화   ❻ 졸본
❼ 쫓기다가 큰 강물 앞에 이르렀다.   ❽ 고구려

뛰어난 능력은?	일곱 살이 되자 활과 화살을 만들어 쏘았다.

위험한 때는?	금와 왕의 일곱 아들이 주몽을 죽이려 하였다.
	마

위대한 업적은?	바 를 세웠다.

순서

첫 번째	두 번째	세 번째	네 번째
알에서 아이가 태어났는데 활을 잘 쏘아 주몽이라 하였다.	금와 왕이 궁궐로 데려온 유화가 커다란 알을 낳았다.	주몽은 남쪽으로 탈출하여 졸본 지역에 고구려를 세웠다.	금와 왕의 아들들이 능력이 뛰어난 주몽을 시샘하여 죽이려 하였다.

❸ 글밥지도의 중심 단어를 찾았다면, 다음으로 글의 주요 내용들을 살펴봅니다. 글의 내용을 정리한 글밥지도의 가지에 놓인 ④~㉘의 빈칸을 보기에서 알맞은 단어를 골라 채웁니다. 이때 반드시 ④~㉘의 순서대로 빈칸을 채워야 하며, 될 수 있으면 번호와 단어 또는 문장을 모두 적는 것이 좋습니다. 정답 상자의 공간이 부족하다면 번호만 적도록 합니다. 빈칸에 들어갈 말이 헷갈릴 경우에는 같은 가지에 놓인 다른 단어나 문장을 참고하면 보다 쉽게 해결할 수 있습니다.

❺ 글의 흐름이나, 구성, 글의 짜임을 확인하여 선으로 연결해 봅니다. 문학적인 글에서는 사건의 순서와 발단 -전개 - (위기) - 절정 - 결말의 이야기의 구성을 주로 살펴보고, 논리적인 글에서는 처음 - 가운데 - 끝의 글의 구조나 문단의 내용을 주로 따져봅니다. 필요하다면 제시문을 다시 한번 읽어보며 풀이해도 좋습니다.

끄덕끄덕 공감하기, 요목조목 따져보기는 이렇게 풀어요!

끄덕끄덕 공감하기 활동 보기

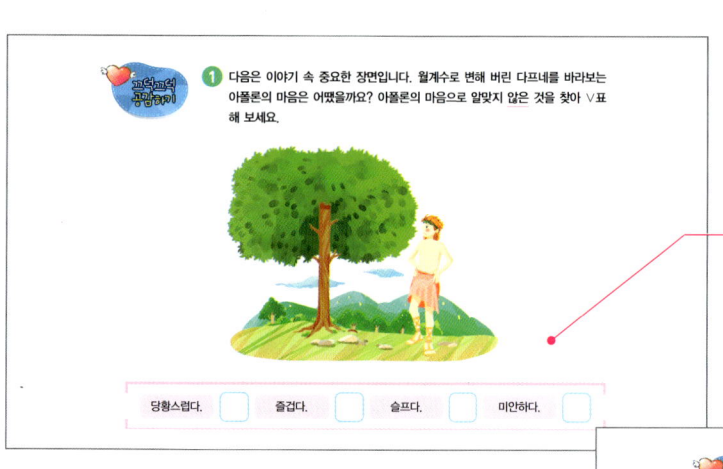

① 다음은 이야기 속 중요한 장면입니다. 월계수로 변해 버린 다프네를 바라보는 아폴론의 마음은 어땠을까요? 아폴론의 마음으로 알맞지 않은 것을 찾아 ∨표 해 보세요.

당황스럽다. ☐   즐겁다. ☐   슬프다. ☐   미안하다. ☐

등장인물 (또는 글쓴이)의 마음이나 느낌을 파악하는 활동입니다. 보기에서 알맞은 단어를 골라 쓰거나, 체크박스에 ∨표 합니다.

제시문에서 살펴본 전래 동요와 동시 등을 새롭게 창작해 봅니다. 보기를 이용한 활동이지만 정답이 없으므로 어린이 스스로 다양한 표현을 사용해 보는 것도 좋습니다.

① 다음 빈칸에 어울리는 말을 보기에서 골라 새로운 자장가를 지어 보세요.

자장자장 우리 아기 자장자장 우리 아기
①   우지 마라 우리 아기 잠을 깰라
②   짖지 마라 우리 아기 잠을 깰라
자장자장 우리 아기 자장자장 잘도 잔다
금자동아 ③   우리 아기 잘도 잔다
금을 주면 너를 사며 돈을 주면 너를 사랴
나라에는 충신동아 부모에는 ④
자장자장 우리 아기 자장자장 잘도 잔다

보기
깍깍 까치   우리 아기
자장자장   음매 소야
잠을 깰라   보석동아
말썽동아   사랑동아
짹짹 참새   행복동아
애교동아   꽥꽥 오리

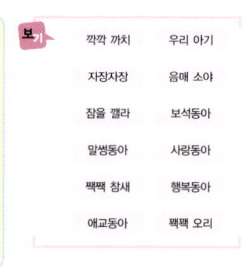

① 글쓴이의 누나는 식탁 위에 있는 개미를 보고 다음과 같이 느낌을 말했습니다. 친구들이 개미를 보았다면 어떤 느낌이 들었을까요? 보기에서 알맞은 말을 골라 표현해 보세요.

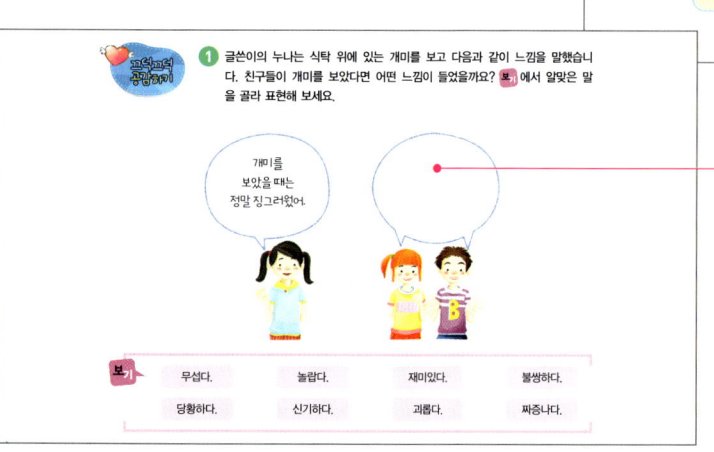

개미를 보았을 때는 정말 징그러웠어.

보기
무섭다.   놀랍다.   재미있다.   불쌍하다.
당황하다.   신기하다.   괴롭다.   짜증나다.

등장인물 (또는 글쓴이)의 생각과 느낌, 경험을 알아보고, 자신의 생각과 경험을 간단히 써 봅니다.

정서를 표현하는 글에 해당하는 제시문을 읽은 다음에는 '끄덕끄덕 공감하기' 꼭지를, 논리적인 글에 해당하는 제시문을 읽은 다음에는 '요목조목 따져보기' 꼭지를 공부합니다. 앞의 두 꼭지는 각각 2가지 활동으로 구성되어 있습니다. '끄덕끄덕 공감하기'의 경우 등장인물들의 성격이나 느낌 파악하기, 등장인물의 입장이 되어 생각해 보기, 새롭게 창작하기 등의 활동이 주를 이루며, '요목조목 따져보기'의 경우 글의 구조 정리하기, 요약하기, 글쓴이의 주장과 근거 따져보기, 글을 통해 알게 된 정보 활용하기 등의 활동으로 구성되어 있습니다.

요목조목 따져보기 활동 보기

주장하는 글을 읽은 후, 글쓴이가 제기한 문제 상황과 주장 그리고 알맞은 근거를 정리해 보는 활동입니다. 주장을 뒷받침하는 또는 뒷받침하지 못하는 근거를 찾아 체크박스에 ○표 또는 ∨표를 합니다.

1 다음은 글쓴이가 제기한 문제와 주장을 정리한 것입니다. 그 주장을 뒷받침해 줄 수 있는 까닭으로 알맞은 것을 골라 ○표 해 보세요.

문제 제기	정보화 시대를 살아갈 어린이들에게 책 읽기는 점점 더 중요해지고 있으나 책 읽는 시간이 점점 줄어들고 있다.
주장	책을 많이 읽자.
까닭	① 책 읽기는 언어를 발달시킨다.
	② 책 읽기는 폭넓고 깊이 있는 삶을 간접적으로 체험할 수 있게 해 준다.
	③ 책 읽기는 인터넷이나 텔레비전 프로그램보다 흥미가 떨어진다.
	④ 책 읽기를 통해 사고력을 키울 수 있다.

1 다음은 글쓴이가 자신이 쓴 글을 표로 정리한 것입니다. 잘못된 부분을 찾아 ∨표 해 보세요.

견학 제목	□□ 출판사를 다녀와서	견학한 때	20○○년 ○○월 ○○일
견학 장소	□□ 출판사		
견학 목적	① 여러 가지 책을 보기 위해서		
견학 기록	② 1층 회의실 – 기획 회의를 하고 있는 선생님들		
	③ 2층 디자인실 – 디자인 작업 중인 북 디자이너들		
	④ 1층 편집실 – 교정지를 확인하는 작가들		
첫인상	작고 아늑한 도서관 같았다.		
생각이나 느낌	뿌듯했고 나도 아빠처럼 책 만드는 일을 하고 싶다.		

설명하는 글이나 소개하는 글을 읽은 다음 글에 담긴 정보를 확인합니다. 글에서 다루고 있는 정보들을 정리하고 자신이 알고 있었던 정보와 몰랐던 정보를 정리할 수 있습니다. 지시문에 따라 ○표 또는 ∨표 합니다.

공통 활동 보기

제시문을 바르게 이해한 사람 또는 바르지 않게 이해한 사람을 고르는 활동입니다. 사실적 이해력, 비판적 이해력을 측정할 수 있으며 보기를 읽어 본 후 지시문에 따라 정답 번호를 적습니다.

2 다음은 앞의 글을 읽은 친구들의 대화입니다. 이 글을 잘못 이해하고 있는 친구는 누구인가요?

① 아폴론을 너무 사랑하여 월계수가 된 다프네의 모습이 가슴 아파.

② 아폴론은 제우스의 아들이자 태양의 신이야.

③ 다프네는 강의 신인 페네이오스의 딸로 아름다운 요정이야.

④ 에로스의 화살을 맞고 아폴론은 다프네를 사랑하게 되고 다프네는 아폴론을 싫어하게 되지.

꾸준함이 독해력을 키우는
가장 좋은 방법입니다!

공습국어 초등독해의 활용

 하나 처음 일주일 정도는 아이와 함께 하세요

공습국어 초등독해의 코너 구성과 문제 유형을 아이가 이해할 수 있도록 일주일 정도는 아이와 함께 문제를 풀어보세요. 각각의 문제 유형을 설명해주고, 채점을 통해 아이에게 미진한 부분이 있으면 다시 설명해주면서 아이가 혼자서도 충분히 문제를 해결할 수 있도록 도와주세요.

 둘 꾸준히 학습할 수 있는 환경을 만들어 주세요

매일 1회분씩 학습 진도를 나가는 것이 가장 이상적이긴 하지만 현실적으로 불가능한 경우가 많습니다. 따라서 매일이 아니더라도 꾸준히 교재를 볼 수 있도록 학습 스케줄을 잡아 주세요. 이때 부모님이 일방적으로 결정하지 마시고 아이와 충분히 상의하여 가능한 아이의 의견이 반영되도록 해주세요. 그래야만이 학습 과정에 대한 아이의 주체적 참여를 유도할 수 있습니다.

 셋 기본 단계부터 순서대로 학습할 수 있도록 해 주세요

공습국어 초등독해 심화 단계는 문제 유형이나 내용이 기본 단계에 비해 다소 복잡하거나 어렵습니다. 따라서 독해력 학습을 처음 시작하는 경우라면 기본 단계부터 순서대로 교재를 보는 것이 좋습니다. 물론 이전에 독해력 교재를 보았거나 국어 실력이 상위권이라면 심화 단계부터 시작해도 괜찮습니다.

 넷 문제 풀이에 걸리는 적정한 시간은 10분 내외입니다

공습국어 초등독해 1회분에 해당하는 문제를 푸는 데 걸리는 시간은 대략 10분 정도면 충분합니다. 하지만 교재의 문제 유형이 익숙하지 않은 초반에는 이보다 시간이 더 걸릴 수도 있습니다. 따라서 일정 기간 동안은 문제 풀이 시간에 구애 받지 않고 아이가 편하게 문제를 풀면서 교재에 적응할 수 있도록 배려해 주세요.

차례
Contents

공습국어를 시작하며

이제 본격적인 독해력 공부를 시작하게 돼요.

크게 숨을 한 번 내쉬면서 마음을 가다듬어 보세요.

책을 끝까지 볼 수 있을까? 문제가 어렵지는 않을까? 하는 걱정이

들기도 하겠지만 막상 시작해보면 괜한 걱정이었다 싶을 거예요.

한 번에 밥을 많이 먹으면 탈이 날 수 있는 것처럼

하루에 1회씩만 꾸준히 풀어 보세요.

그러다 보면 어느새 독해력이 무럭무럭 자라나

있는 걸 볼 수 있을 거예요.

자 그럼 이제 출발해 볼까요?

오늘 읽어 볼 글입니다. 차근차근 잘 읽고, 문제를 풀어 보세요.

강의 신인 페네이오스에게는 아름다운 요정인 다프네라는 딸이 있었어요. 다프네는 결혼할 나이가 되었지만 산과 들을 뛰어다니며 즐겁게 놀기만 했어요. 제우스의 아들이자 태양의 신인 아폴론은 다프네를 사랑했는데 이는 사랑의 신 에로스 때문이었어요.

어느 날, 거대한 뱀과 싸워 승리를 거둔 아폴론은 뜻한 바를 이루자 우쭐거리며 뽐내고 싶었어요. 바로 그때 아폴론은 에로스가 활을 쏘는 모습을 보고 비웃으며❶ 말했어요.

"얘야, 활은 나같이 훌륭한 사람의 물건이지 어린아이의 장난감이 아니란다."

아폴론의 말에 화가 난 에로스는 아폴론에게 사랑에 빠지는 화살을 쏘고, 다프네에게는 사랑을 거부하는 화살을 쏘았어요. 사랑의 화살을 맞은 아폴론은 다프네를 사랑하게 되었고, 다프네는 아폴론의 얼굴도 보기 싫어하게 되었어요.

아폴론은 다프네만 보면 그녀의 뒤를 쫓았고 다프네는 붙잡히지 않기 위해 온 힘을 다해 달아났어요. 하지만 힘이 빠진 다프네는 아폴론에게 잡히고 말았고 아버지인 페네이오스에게 자신을 차라리 월계수❷로 변하게 해 달라고 빌었어요.

페네이오스는 다프네의 부탁를 받아들여 그녀의 모습을 바꾸어 주었어요. 다프네는 그 자리에서 온몸이 굳기 시작했어요. 가슴은 부드러운 나무껍질로 쌓이고, 머리카락은 나뭇잎이 되고, 팔은 가지가 되어 월계수가 되었답니다.

❶ **비웃으며** : 어떤 사람, 또는 그의 행동을 어처구니 없다고 여기며 웃으면서

❷ **월계수** : 이른 봄에 꽃이 피고 잎의 향기가 좋은 나무의 한 종류

다음은 앞에서 읽은 글의 내용을 한눈에 볼 수 있도록 정리한 글밥지도입니다. 보기 에서 알맞은 말을 골라 빈칸을 채워 보세요. 그리고 이야기의 순서를 찾아 선으로 이어 보세요.

나		강의 신
아폴론		태양의 신
다		사랑의 신
다프네		페네이오스의 딸

등장인물은?

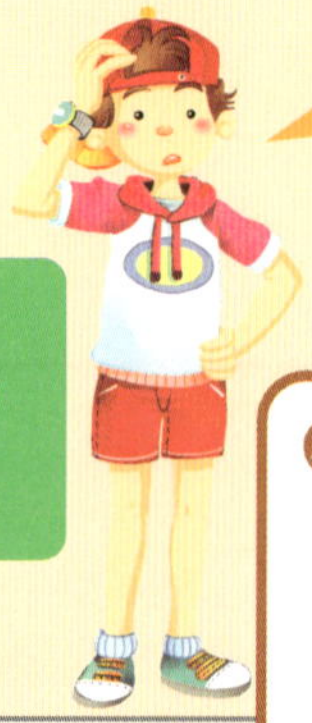

다프네는 무엇으로 변했지?

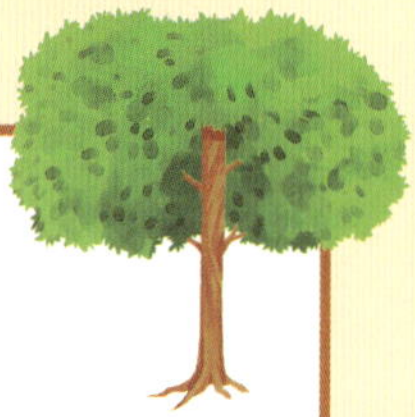

가

| 라 | | 아폴론 |
| 마 | | 다프네 |

누구에게 어떤 화살을 쏘았지?

글의 구성 단계에 따라 내용을 연결해 봐!

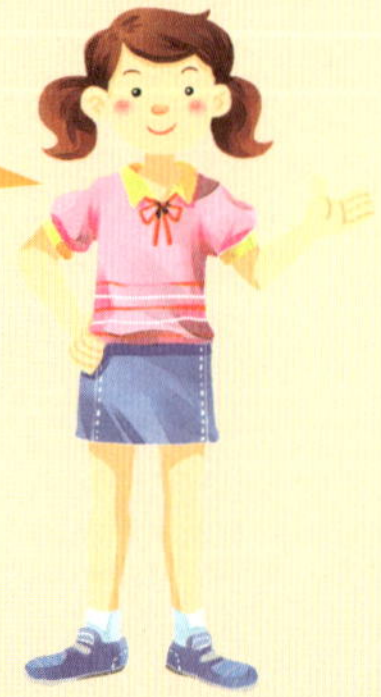

첫 번째

다프네는 결혼할 나이가 되었지만 산과 들을 뛰어 다니며 즐겁게 놀기만 했다.

보기
1 페네이오스   2 에로스   3 아폴론과 다프네
4 사랑을 거부하는 화살   5 우쭐거리며 뽐낸다.   6 사랑에 빠지는 화살
7 월계수   8 나무 괴물

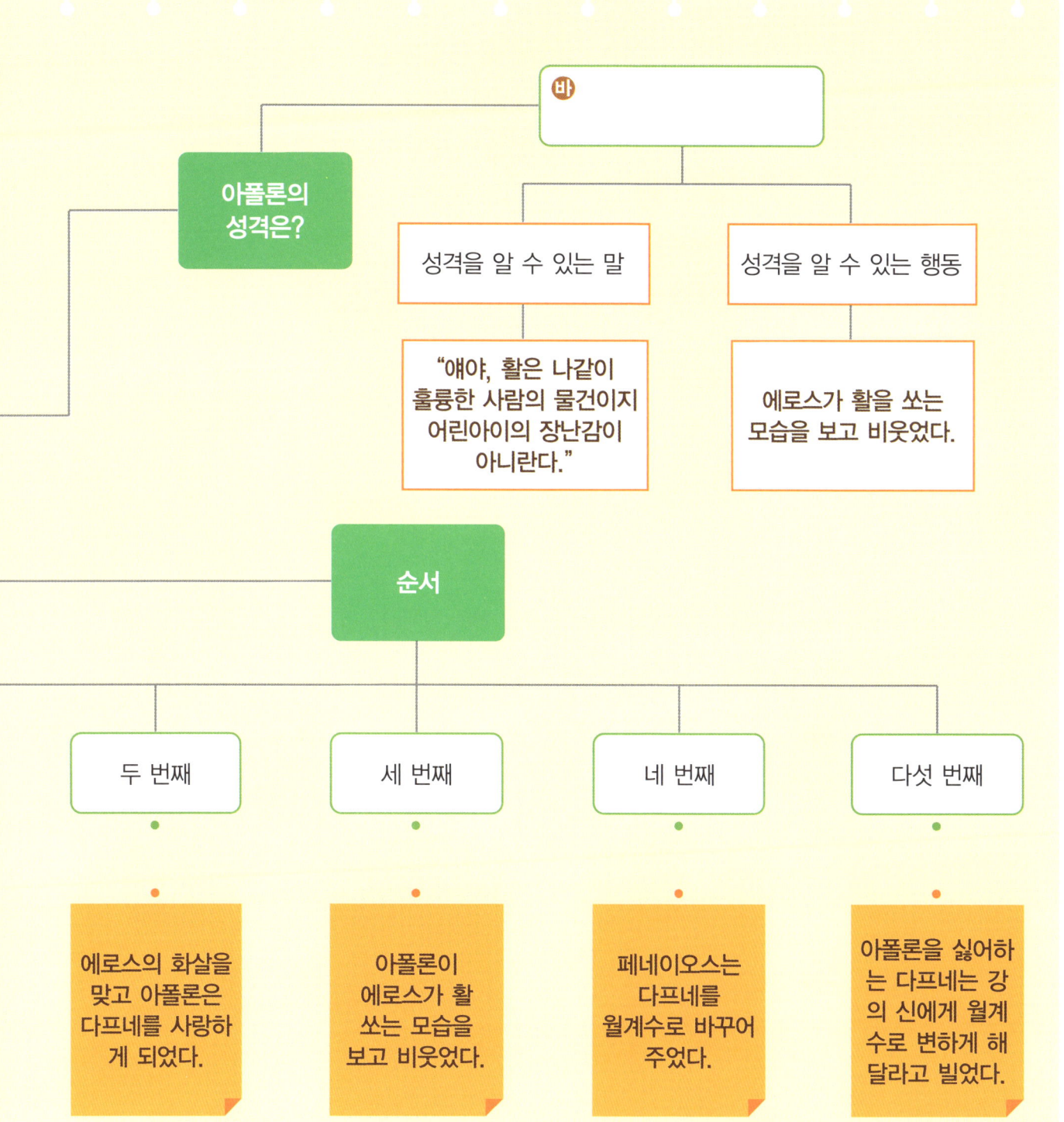

바

아폴론의 성격은?

성격을 알 수 있는 말

"얘야, 활은 나같이 훌륭한 사람의 물건이지 어린아이의 장난감이 아니란다."

성격을 알 수 있는 행동

에로스가 활을 쏘는 모습을 보고 비웃었다.

순서

두 번째

세 번째

네 번째

다섯 번째

에로스의 화살을 맞고 아폴론은 다프네를 사랑하게 되었다.

아폴론이 에로스가 활 쏘는 모습을 보고 비웃었다.

페네이오스는 다프네를 월계수로 바꾸어 주었다.

아폴론을 싫어하는 다프네는 강의 신에게 월계수로 변하게 해 달라고 빌었다.

1 다음은 이야기 속 중요한 장면입니다. 월계수로 변해 버린 다프네를 바라보는 아폴론의 마음은 어땠을까요? 아폴론의 마음으로 알맞지 <u>않은</u> 것을 찾아 ∨표 해 보세요.

| 당황스럽다. ☐ | 즐겁다. ☐ | 슬프다. ☐ | 미안하다. ☐ |

2 다음은 앞의 글을 읽은 친구들의 대화입니다. 이 글을 <u>잘못</u> 이해하고 있는 친구는 누구인가요?

① 아폴론을 너무 사랑하여 월계수가 된 다프네의 모습이 가슴 아파.

② 아폴론은 제우스의 아들이자 태양의 신이야.

③ 다프네는 강의 신인 페네이오스의 딸로 아름다운 요정이야.

④ 에로스의 화살을 맞고 아폴론은 다프네를 사랑하게 되고 다프네는 아폴론을 싫어하게 되지.

 오늘 읽어 볼 글입니다. 차근차근 잘 읽고, 문제를 풀어 보세요.

　　이 세상에 하나밖에 없는 내 동생 김동현을 소개합니다. 내 동생은 여덟 살이고 나와 같은 초등학교에 다니는 1학년 학생입니다. 누나인 나를 닮아서 동그란 얼굴에 작은 눈을 가졌습니다. 아파트 엘리베이터를 타면 사람들은 동생에게 "너, 동희 동생이구나." 하고 말할 정도로 우리는 비슷하게 생겼습니다.

　　내 동생은 성격이 매우 밝고 명랑합니다. 말도 많고 조금만 웃겨도 큰 소리로 까르르 웃습니다. 하지만 이를 잘 닦지 않는 나쁜 버릇도 있습니다. 내 동생은 잘하는 것도 많습니다. 그림도 잘 그리고 피아노도 잘 칩니다. 학교 미술 대회에 나가서 그린 그림이 뽑혀 장려상도 받았습니다. 또, 피아노 발표회에 나가 여러 사람들 앞에서 솜씨를 자랑하기도 했습니다.

　　내 동생의 꿈은 여러 가지입니다. 어떤 날은 한의사가 꿈이라고 하고 어떤 날은 환경을 깨끗이 하는 사람이라고 말합니다. 요즘은 경찰이 되는 것이 꿈이라고 합니다. 어린이를 괴롭히는 나쁜 사람들을 혼내 주는 경찰이 가장 멋있어 보인다고 합니다.

　　친구들은 내 동생을 어떻게 생각하나요?

　　나는 내 동생이 세상에서 가장 귀엽고 사랑스럽게 느껴집니다.

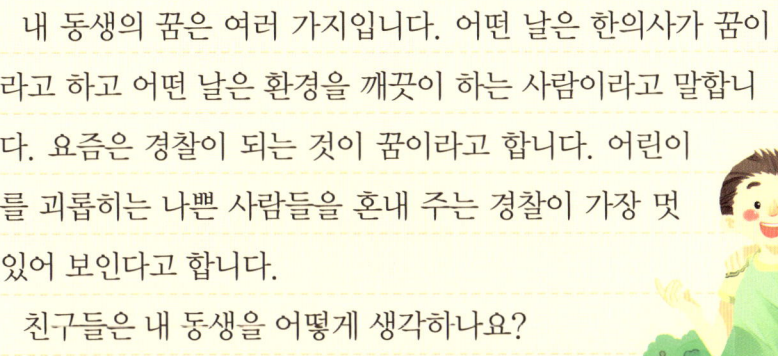

다음은 앞에서 읽은 글의 내용을 한눈에 볼 수 있도록 정리한 글밥지도입니다. 보기 에서 알맞은 말을 골라 빈칸을 채워 보세요. 그리고 글에 알맞은 제목과 문단의 내용을 찾아 선으로 이어 보세요.

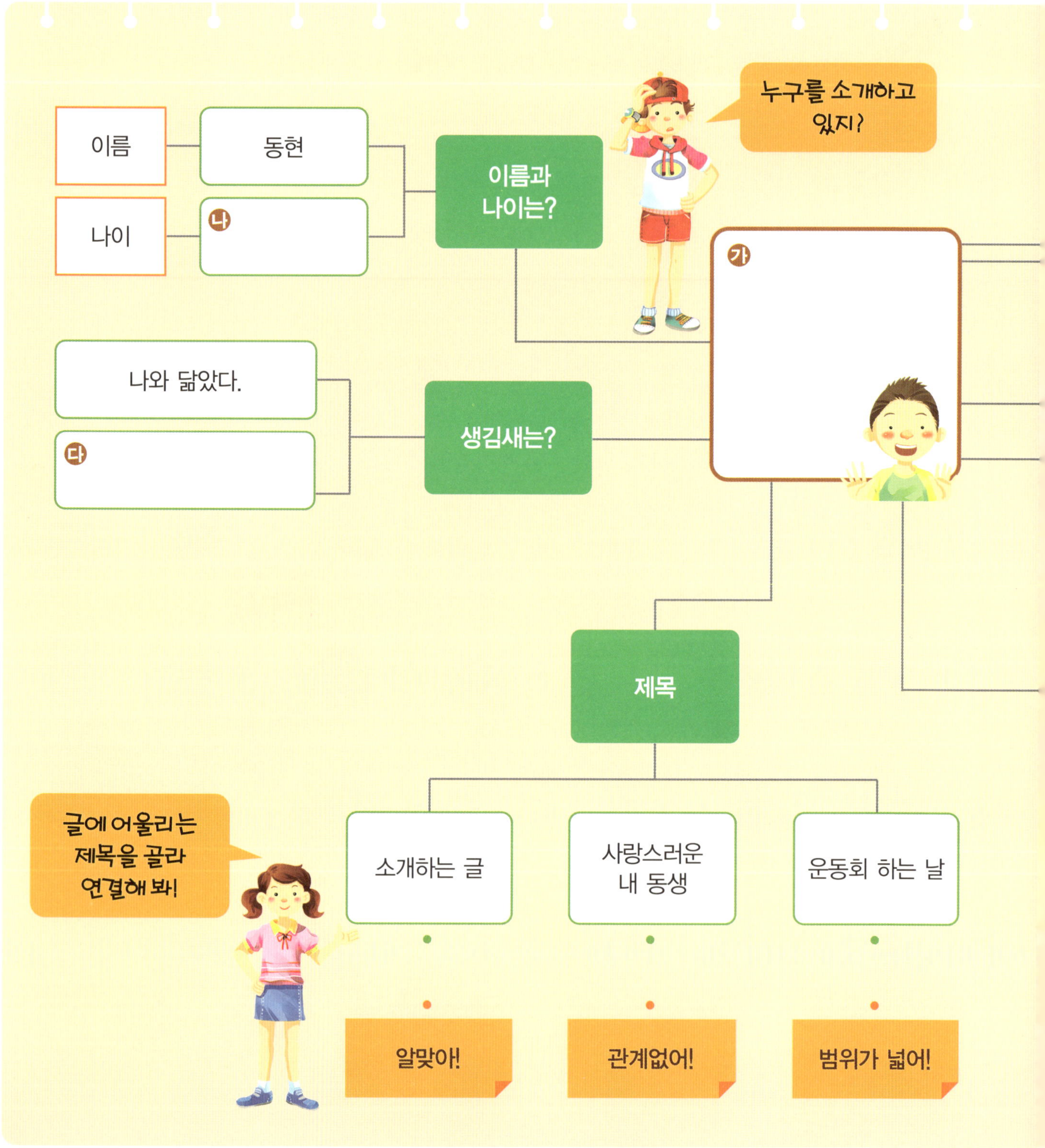

누구를 소개하고 있지?

| 이름 | 동현 |
| 나이 | **나** |

이름과 나이는?

가

나와 닮았다.

다

생김새는?

제목

글에 어울리는 제목을 골라 연결해 봐!

소개하는 글

사랑스러운 내 동생

운동회 하는 날

알맞아!

관계없어!

범위가 넓어!

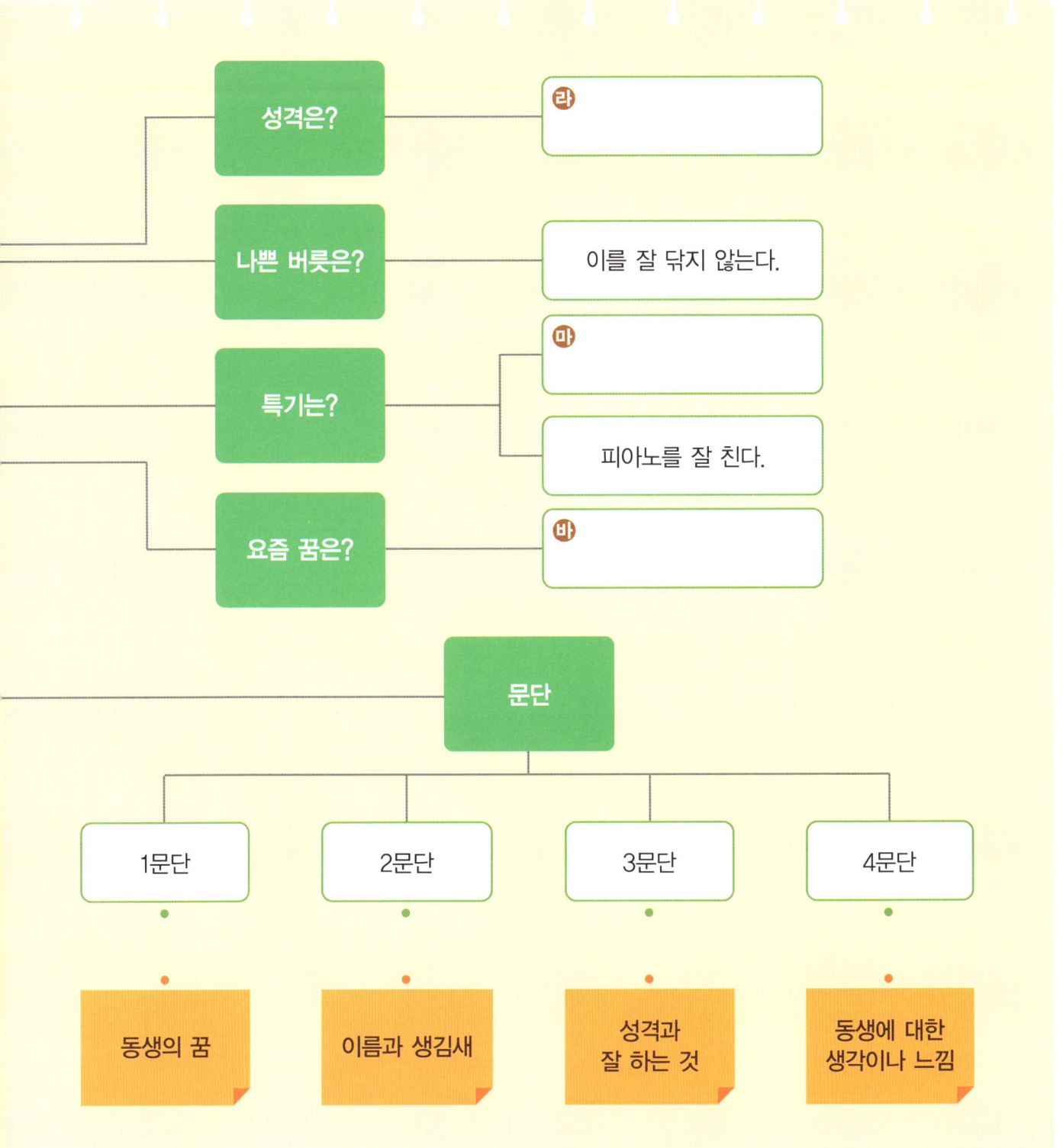

성격은? — 라

나쁜 버릇은? — 이를 잘 닦지 않는다.

특기는? — 마 / 피아노를 잘 친다.

요즘 꿈은? — 바

문단

1문단　　2문단　　3문단　　4문단

동생의 꿈　　이름과 생김새　　성격과 잘 하는 것　　동생에 대한 생각이나 느낌

1 다음은 누나가 동현이를 소개한 내용을 정리한 것입니다. 동현이에 대한 설명으로 알맞은 것에는 ○표, 알맞지 <u>않은</u> 것에는 ∨표 해 보세요.

동현이에 대한 설명
① 나와 같은 초등학교에 다니고 있다.
② 동그란 얼굴에 작은 눈을 가진 것이 나와 닮았다.
③ 피아노 발표회에 나가 큰 실수를 했다.
④ 매우 밝고 명랑하지만 이를 잘 닦지 않는 버릇도 있다.
⑤ 의사가 되겠다는 오직 한 가지 꿈을 가지고 있다.

동희가 동생 동현이의 무엇무엇을 소개했었는지 차분히 생각해봐.

2 다음은 앞의 글을 읽은 친구들의 대화입니다. 이 글을 <u>잘못</u> 이해하고 있는 친구는 누구인가요?

① 동현이를 사랑하는 동희의 마음이 잘 느껴지는 글이야.

② 나도 동현이처럼 명랑하고 잘 웃는 동생이 있었으면 좋겠어.

③ 그림도 잘 그리고, 피아노도 잘 치는 동생을 둔 동희가 부러워.

④ 동희는 동현이가 어른들의 사랑을 받는 것을 시샘하고 있어.

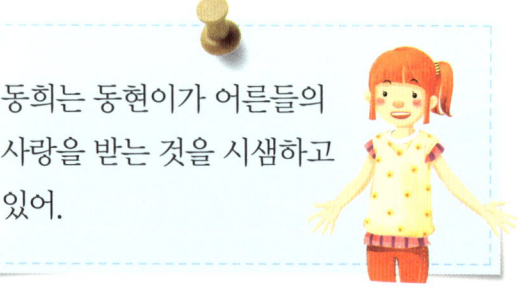

꼼꼼히 집중하여 읽기

글의 갈래	독서 감상문
걸린 시간	분 초

 오늘 읽어 볼 글입니다. 차근차근 잘 읽고, 문제를 풀어 보세요.

외삼촌께서 생일 선물로 〈그림 도둑 준모〉라는 책을 사 주셔서 바로 읽어 보았다. 제목을 보니 정말 재미있을 것 같은 느낌이 들었다.

초등학교 3학년인 평범한 아이 준모가 이 책의 주인공이다. 공부를 못하는 준모에게는 소원이 하나 있다. 그것은 바로 상을 타서 엄마를 기쁘게 해 드리는 것이다. 그러던 어느 날, 불조심 그림 그리기 대회가 열리는데 선생님은 예린이가 그린 그림을 준모가 그렸다고 착각하고 준모에게 상을 준다. 준모는 모든 것을 사실대로 말하고 싶지만 상을 보고 너무나 기뻐하는 엄마와 선생님의 칭찬에 솔직하게 말하지 못하고 망설인다. 그런데 더 큰 문제가 발생한다. 그림 그리기 대회 입상작을 전시한다는 것이다. 이 소식을 들은 준모는 불안해하기 시작한다.

이 책에서 가장 인상 깊었던 장면은 준모가 운동장 한쪽에 있는 은행나무에 오르는 장면이었다. "차라리 이 나무에서 떨어져서 많이 다쳤으면 좋겠어."라고 말하는 준모가 불쌍해서 눈물이 났다.

나는 책을 읽으면서 착하고 성실한 준모가 상을 타지 못한다는 이유 때문에 스스로를 '못난 아이'라고 여기는 것이 안타까웠다. 또, 어려운 일일지라도 진실을 솔직하게 말할 수 있는 사람이 되어야겠다는 생각도 했다.

자신이 특별하지 않아 스스로를 못난 아이라고 생각했던 친구들이라면 이 책을 한번 꼭 읽어 보았으면 좋겠다.

글밥지도 그리기

다음은 앞에서 읽은 글의 내용을 한눈에 볼 수 있도록 정리한 글밥지도입니다. 보기에서 알맞은 말을 골라 빈칸을 채워 보세요. 그리고 글에 알맞은 제목을 찾아 선으로 이어 보세요.

나

책을 읽게 된 동기는?

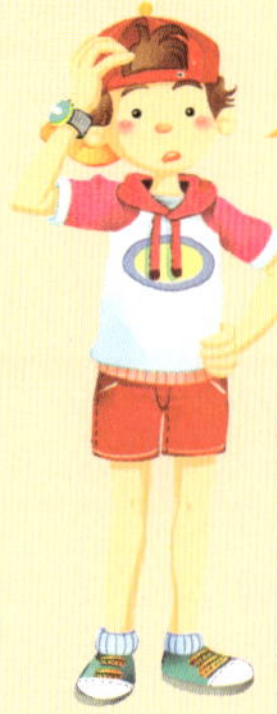

어떤 책을 읽었지?

가

다

준모

등장 인물은?

그림을 잘 그린다.

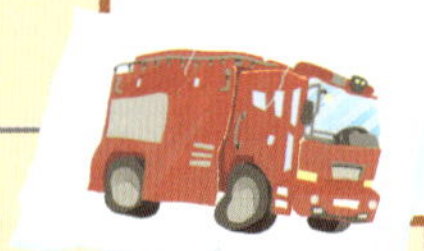

라

제목

글에 어울리는 제목을 골라 연결해 봐!

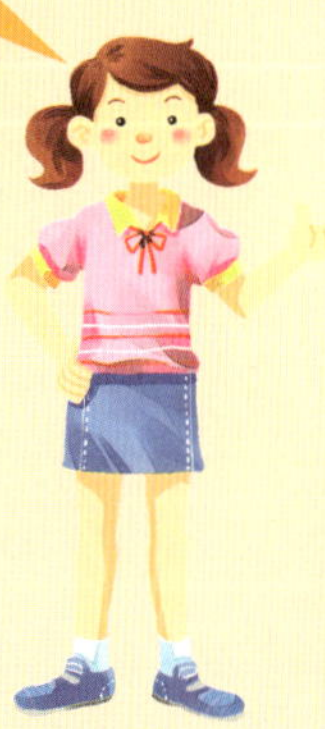

미술 대회를 다녀와서

동화책을 읽고

〈그림 도둑 준모〉를 읽고

알맞아!

관계없어!

범위가 넓어!

❶ 우연히 서점에서 발견하고　　　❷ 외삼촌께서 생일 선물로 사 주셔서

❸ 그림 도둑 준모　　　❹ 못난 아이　　　❺ 착하고 성실하다.　　　❻ 예린

❼ 준모가 상을 받는 장면　　　❽ 준모가 은행나무에 오르는 장면

책에 대한 첫인상은? — 정말 재미있을 것 같은 느낌이 들었다.

감상은?

생각과 느낌

상을 타지 못한다는 이유 때문에 스스로를 **마** [   ] 라고 여기는 준모가 안타까웠다.

어려운 일일지라도 진실을 솔직하게 말할 수 있는 사람이 되어야겠다고 생각했다.

인상 깊었던 장면

바 [   ]

친구들에게 해 주고 싶은 말

스스로를 못난 아이라고 생각했던 친구들은 꼭 읽어 보면 좋겠다.

1 다음은 착하고 성실하지만 자기 자신이 특별하지 않다고 고민하는 친구의 모습입니다. 친구에게 주고 싶은 상장의 이름과 내용을 자유롭게 써 보세요.

2 다음은 앞의 글을 읽은 친구들의 대화입니다. 이 글을 <u>잘못</u> 이해하고 있는 친구는 누구인가요?

① 상을 못 받는다고 못난 아이라고 생각하는 것은 잘못이야.

② 주인공처럼 선생님께 거짓말을 하여 상을 받는 것은 잘못된 행동이야.

③ 책 제목과 주인공 이름, 줄거리와 생각이나 느낌 등을 잘 정리해서 썼어.

④ 준모가 진실을 말하지 못했던 이유는 준모가 상을 받자 어머니가 매우 기뻐하셨기 때문이야.

 오늘 읽어 볼 글입니다. 차근차근 잘 읽고, 문제를 풀어 보세요.

- 받는 사람 : 아파트 관리 사무소 소장 아저씨
- 부탁하는 내용 : 아파트 담장 옆에 꽃나무 심기
- 부탁하는 사람 : 1동 105호 김수미

안녕하세요. 쌀쌀한 가을 날씨에 아파트 관리하시느라 고생이 많으시리라 생각합니다. 학교 갔다 오는 길에 관리 사무소 소장 아저씨께 부탁할 것이 생각나서 말씀드립니다.

우리 아파트 담장 옆에 큰 트럭들이 주차되어 있습니다. 아파트 담장 옆에 큰 트럭들을 주차하지 못하게 해 주세요. 지나다니면서 항상 위험하다는 생각이 들었습니다. 좁은 길에 주차가 되어 있어서 길을 걷는 데도 방해가 되고 있습니다. 또, 매연도 발생되고 시끄럽기까지 합니다.

대신 아파트 담장 옆에 꽃나무를 심었으면 좋겠습니다. 그렇게 하면 주민들이 안전하고 자유롭게 지나다닐 수 있습니다. 또 매연이나 소음이 줄어 환경이 쾌적해집니다. 그리고 사람들이 아름다운 꽃을 보면서 기분이 좋아져서 아파트 분위기도 좋아질 것입니다.

아파트 주민들의 동의를 얻는 일은 제가 열심히 돕겠습니다. 가능하면 제 부탁이 받아들여지기를 바랍니다.

다음은 앞에서 읽은 글의 내용을 한눈에 볼 수 있도록 정리한 글밥지도입니다. 보기 에서 알맞은 말을 골라 빈칸을 채워 보세요. 그리고 글에 알맞은 제목과 문단의 내용을 찾아 선으로 이어 보세요.

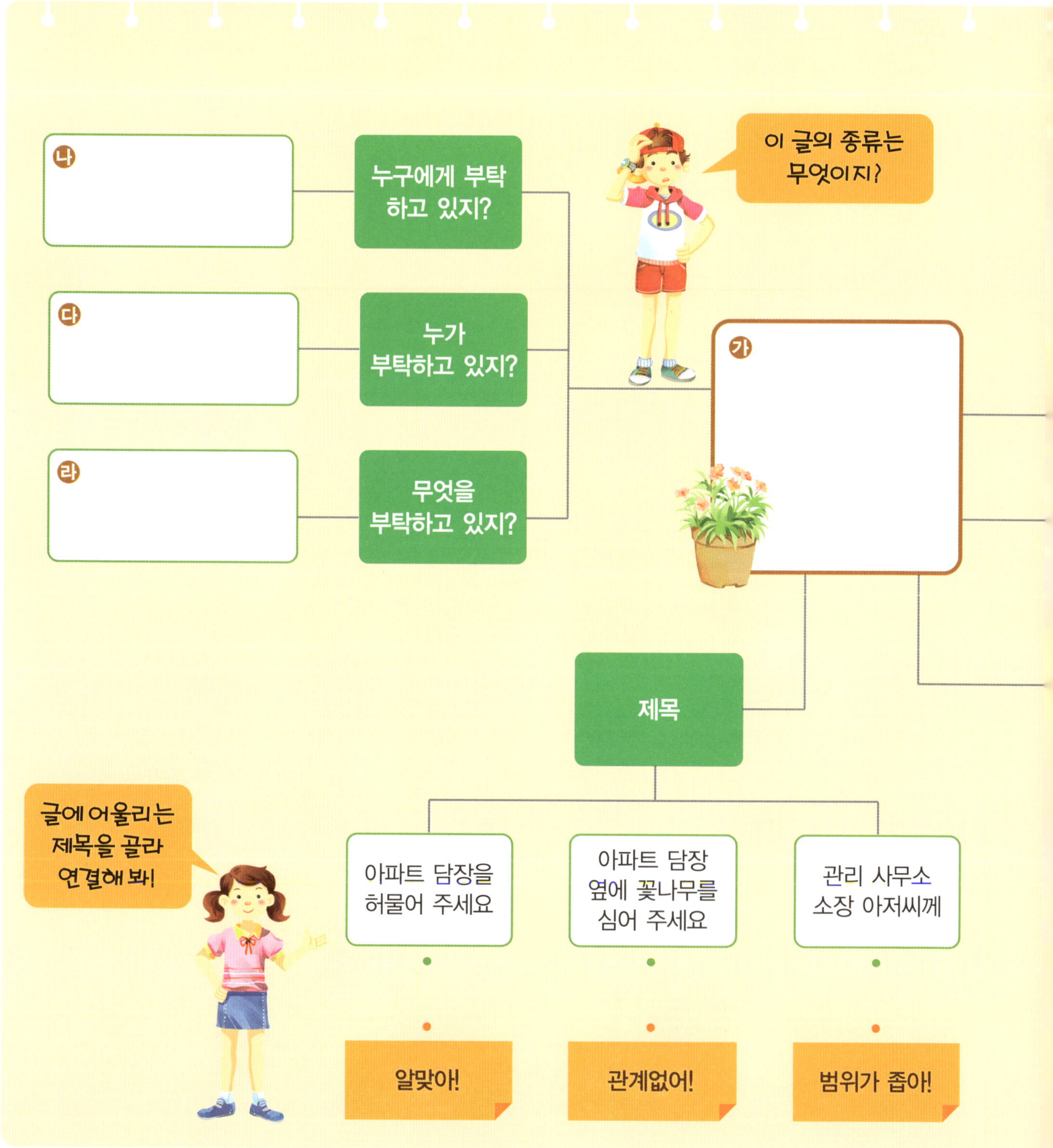

나

누구에게 부탁 하고 있지?

이 글의 종류는 무엇이지?

다

누가 부탁하고 있지?

가

라

무엇을 부탁하고 있지?

제목

글에 어울리는 제목을 골라 연결해 봐!

아파트 담장을 허물어 주세요

아파트 담장 옆에 꽃나무를 심어 주세요

관리 사무소 소장 아저씨께

알맞아!

관계없어!

범위가 좁아!

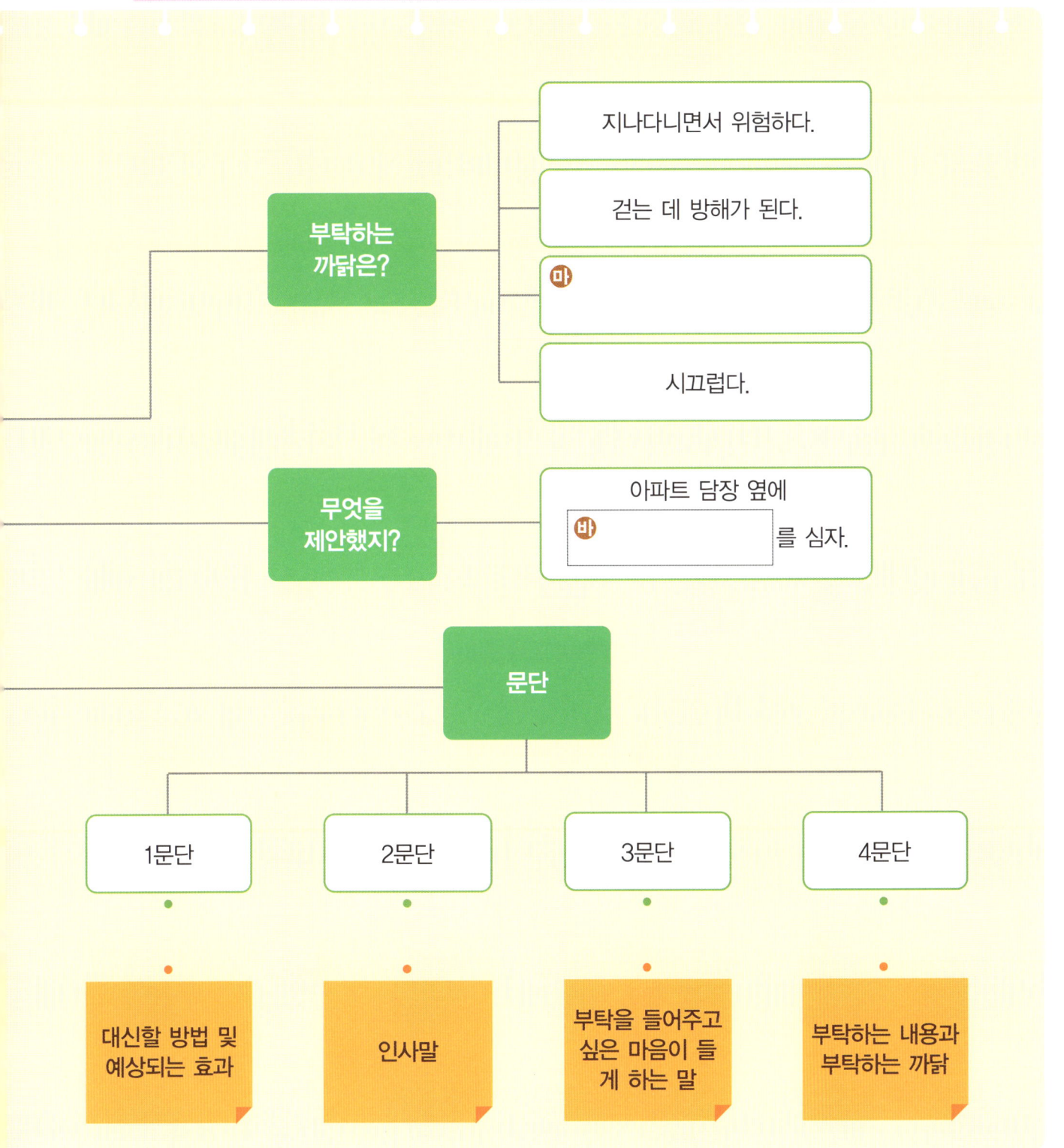

보기

❶ 광고하는 글 ❷ 부탁하는 글 ❸ 김수미

❹ 아파트 관리 사무소 소장 ❺ 매연이 발생된다. ❻ 꽃나무

❼ 아파트 담장 옆에 주차를 못하게 하자. ❽ 다람쥐들이 살 곳이 없다.

부탁하는 까닭은?
- 지나다니면서 위험하다.
- 걷는 데 방해가 된다.
- 마
- 시끄럽다.

무엇을 제안했지?
- 아파트 담장 옆에 바 를 심자.

문단

1문단 / 2문단 / 3문단 / 4문단

- 1문단: 대신할 방법 및 예상되는 효과
- 2문단: 인사말
- 3문단: 부탁을 들어주고 싶은 마음이 들게 하는 말
- 4문단: 부탁하는 내용과 부탁하는 까닭

1 다음은 아파트 담장 옆에 꽃나무를 심었을 때 예상되는 효과입니다. 이 중 수미가 쓴 부탁하는 글에서 제시된 것을 모두 골라 ○표 해 보세요.

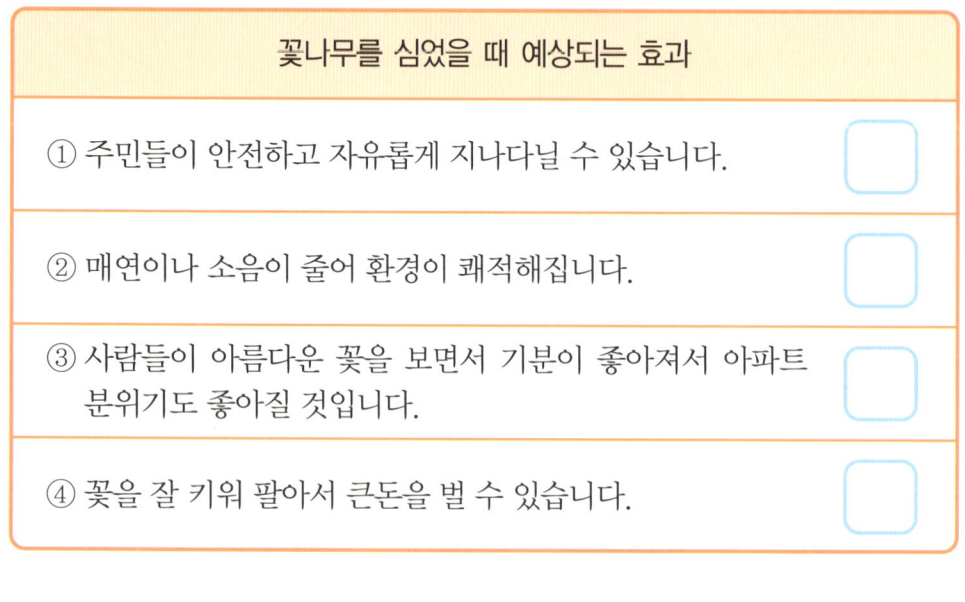

꽃나무를 심었을 때 예상되는 효과	
① 주민들이 안전하고 자유롭게 지나다닐 수 있습니다.	☐
② 매연이나 소음이 줄어 환경이 쾌적해집니다.	☐
③ 사람들이 아름다운 꽃을 보면서 기분이 좋아져서 아파트 분위기도 좋아질 것입니다.	☐
④ 꽃을 잘 키워 팔아서 큰돈을 벌 수 있습니다.	☐

아파트 담장 옆은 한 사람의 것이 아니라 모든 주민들이 지나다니는 곳이야.

2 다음은 앞의 글을 읽은 친구들의 대화입니다. 이 글을 <u>잘못</u> 이해하고 있는 친구는 누구인가요?

① 이 글에는 부탁하는 말과 부탁하는 까닭이 분명하게 드러나 있어.

② 관리 사무소 소장 아저씨가 들어줄 수 없는 무리한 부탁을 하고 있어.

③ 부탁을 들어주고 싶은 마음이 들게 하려고 자기가 도울 일도 밝혀 썼어.

④ 받는 사람의 마음을 생각하며 예의 바른 말을 사용했어.

 오늘 읽어 볼 글입니다. 차근차근 잘 읽고, 문제를 풀어 보세요.

김성희 선생님께

선생님, 안녕하세요. 저 미란이에요.

지난 한 해 선생님께서 저를 사랑으로 보살펴 주신 은혜에 감사드립니다. 특히 성격이 좋은 혜수와 짝이 되게 해 주셔서 감사합니다.

선생님과 함께 보낸 1년을 영원히 잊지 못할 거예요. 선생님을 처음 만난 순간부터 선생님을 따라서 소풍 갔던 일, 운동회 때 응원하던 일, 교실에서 공부하던 일들이 모두 그리울 거예요.

선생님께서도 저를 오래오래 기억해 주세요. 제가 훌륭한 사람이 되면 텔레비전에 나가서 선생님을 찾을게요. 그때 선생님께서 지어 주신 '눈물 많은 미란이'란 별명의 저를 기억해 주시면 좋겠습니다.

선생님과 헤어지지만 학년이 올라가도 학교에서 선생님을 뵐 수 있을 거라는 생각을 하면 조금 안심이 됩니다. 학교에서 선생님을 만나면 반갑게 인사할게요. 선생님께서도 "미란이구나. 요즘 잘 지내지?"라고 말하며 반갑게 인사해 주세요. 그러면 저는 참 자랑스럽고 기쁠 것 같아요.

선생님, 그럼 안녕히 계세요.

20○○년 ○○월 ○○일

미란이 올림

글밥지도 그리기

다음은 앞에서 읽은 글의 내용을 한눈에 볼 수 있도록 정리한 글밥지도입니다. 보기 에서 알맞은 말을 골라 빈칸을 채워 보세요. 그리고 하고 싶은 말을 찾아 선으로 이어 보세요.

나 [_____]

받을 사람

다 [_____]

안녕하세요. 저 미란이에요.

처음

이 글의 종류는 무엇이지?

가 [_____]

글쓴이가 편지를 통해 어떤 말을 전하고 있는지 생각해 봐!

하고 싶은 말

첫 번째

두 번째

세 번째

학교에서 만날 때 반갑게 인사해 주세요.

보살펴 주신 은혜에 감사드립니다.

저를 잊지 마시고 기억해 주세요.

34

① 설명하는 글   ② 편지글   ③ 첫인사   ④ 김성희 선생님

⑤ 쓴 날짜   ⑥ 눈물 많은 미란이   ⑦ 고마운 마음   ⑧ 미란

끝	끝인사	선생님, 그럼 안녕히 계세요.
	쓴 날짜	20○○년 ○○월 ○○일
	쓴 사람	라

편지를 쓴 까닭은?   마   을 전하려고

선생님께서 지어 준 별명은?   바

1 다음은 20년이 지나 미란이와 선생님이 만난 모습입니다. 이 장면에서 선생님과 미란이의 마음으로 알맞지 <u>않은</u> 것을 골라 ∨표 해 주세요.

| 반갑다. | ☐ | 고맙다. | ☐ | 기쁘다. | ☐ | 슬프다. | ☐ |

2 다음은 앞의 글을 읽은 친구들의 대화입니다. 이 글을 <u>잘못</u> 이해하고 있는 친구는 누구인가요?

① 첫인사, 하고 싶은 말, 끝인사 등 편지글 형식에 맞게 썼어.

② 1년 동안 함께한 선생님과 헤어지는 것을 아쉬워하는 미란이의 마음이 느껴져.

③ 편지를 쓴 까닭이 무엇인지 나타나 있지 않아.

④ 공손한 말을 사용하여 예의 바르게 썼어.

오늘 읽어 볼 글입니다. 차근차근 잘 읽고, 문제를 풀어 보세요.

　20○○년 ○○월 ○○일, 여름 방학을 맞이하여 나와 누나는 책이 만들어지는 과정을 알아보기 위해 아빠가 일하시는 출판사를 찾아갔다.

　가회동에 있는 □□ 출판사는 2층 양옥 건물이었다. 출판사에 들어서자 입구부터 책이 가득 꽂힌 책꽂이들이 보였다. 마치 작고 아늑한 도서관에 온 것 같은 기분이 들었다.

　아빠는 먼저 누나와 나를 1층 회의실로 안내하셨다. 회의실에서 여러 선생님들이 모여 어떤 책을 만들 것인지 기획 회의를 하고 있었다. 회의에서 결정된 내용을 바탕으로 글 작가에게는 글을, 그림 작가에게는 글에 어울리는 그림을 부탁하면, 글 작가와 그림 작가는 정해진 날짜에 글과 그림을 보내온다고 한다.

　1층 회의실에서 나온 우리는 이번에는 2층 디자인실로 향했다. 디자인실에서 여러 명의 북 디자이너들이 디자인 작업을 하고 있었다. 매킨토시라는 컴퓨터를 이용하여 이리저리 글과 그림을 배치해 보고, 글자의 크기와 위치를 정하는 일이었다.

　아빠는 다시 1층 편집실로 향했다. 이미 세 명의 편집자들이 교정지를 보고 있었다. 이처럼 편집실에서 교정지를 꼼꼼히 살펴보면서 잘못된 문장이나 글자가 없는지, 그림을 고쳐야 할 곳이 없는지를 확인한다고 한다.

　그 뒤의 일들은 필름 출력소와 인쇄소에 가야 하기 때문에 볼 수가 없었지만 책이 만들어지는 과정을 알게 되어 뿌듯했다. 나도 어른이 되면 아빠처럼 좋은 책을 만드는 일을 하고 싶다.

❶ 북 디자이너 : 책을 전문으로 디자인을 하는 사람

다음은 앞에서 읽은 글의 내용을 한눈에 볼 수 있도록 정리한 글밥지도입니다. **보기**에서 알맞은 말을 골라 빈칸을 채워 보세요. 그리고 글에 알맞은 제목과 문단의 내용을 찾아 선으로 이어 보세요.

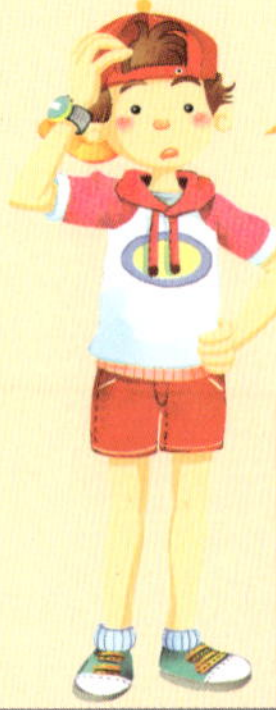

20○○년
○○월 ○○일 — 언제 — 언제 누구와 갔지?

나 — 누구와

어디를 견학했지?

가

다 을 — 견학한 이유는?

알아보기 위하여

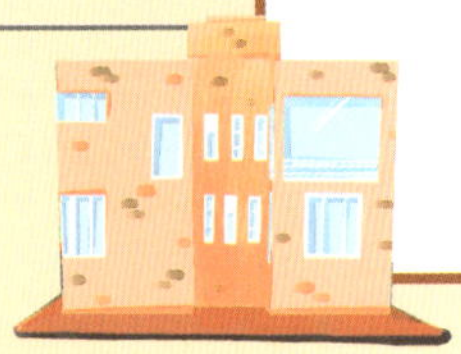

라 — 첫인상은?

제목

책 만드는 과정

□□ 출판사를 다녀와서

아빠의 성격

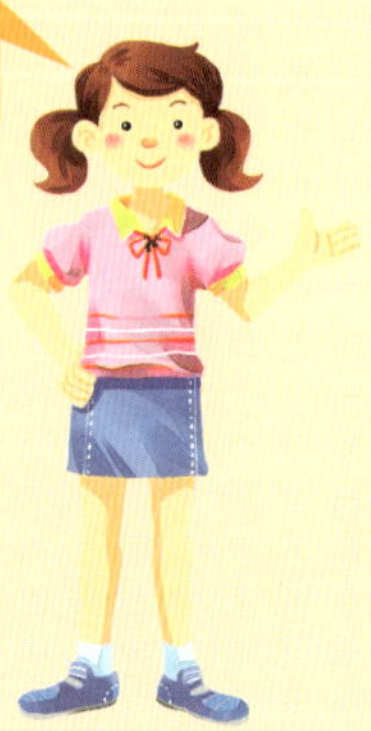

글에 어울리는 제목을 골라 연결해 봐!

알맞아!

관계없어!

범위가 좁아!

38

보기

① 도서관　　②누나　　③ 출판사

④ 작고 아늑한 도서관 같다.　⑤ 책이 만들어지는 과정　⑥ 2층 편집실

⑦ 기획 회의　　⑧ 1층 편집실

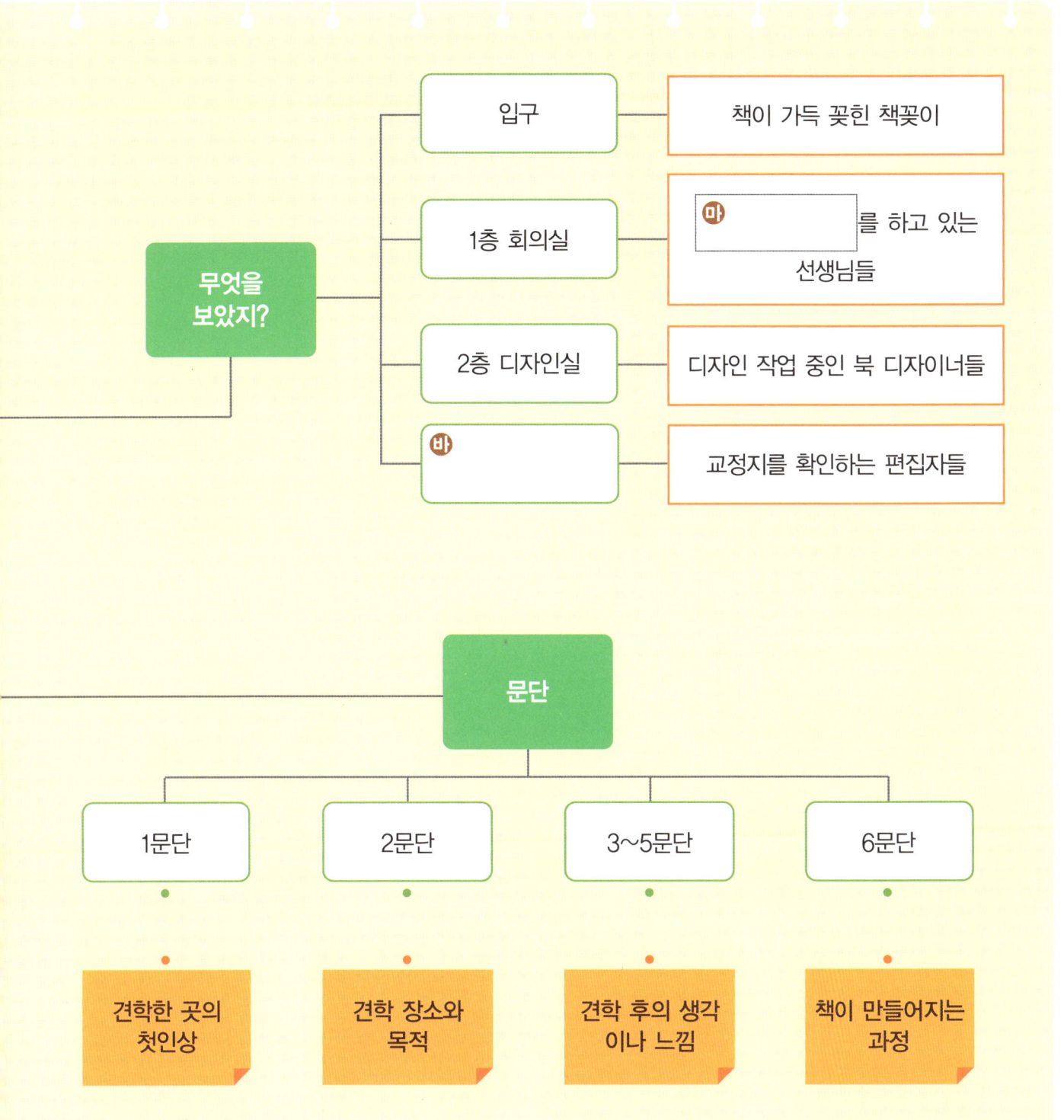

입구 — 책이 가득 꽂힌 책꽂이

1층 회의실 — **마** 를 하고 있는 선생님들

2층 디자인실 — 디자인 작업 중인 북 디자이너들

바 — 교정지를 확인하는 편집자들

무엇을 보았지?

문단

| 1문단 | 2문단 | 3~5문단 | 6문단 |

견학한 곳의 첫인상

견학 장소와 목적

견학 후의 생각 이나 느낌

책이 만들어지는 과정

1 다음은 글쓴이가 자신이 쓴 글을 표로 정리한 것입니다. 잘못된 부분을 찾아 ∨표 해 보세요.

견학 제목	□□ 출판사를 다녀와서	견학한 때	20○○년 ○○월 ○○일	
견학 장소	□□ 출판사			
견학 목적	① 여러 가지 책을 보기 위해서			☐
견학 기록	② 1층 회의실 – 기획 회의를 하고 있는 선생님들			☐
	③ 2층 디자인실 – 디자인 작업 중인 북 디자이너들			☐
	④ 1층 편집실 – 교정지를 확인하는 작가들			☐
첫인상	작고 아늑한 도서관 같았다.			
생각이나 느낌	뿌듯했고 나도 아빠처럼 책 만드는 일을 하고 싶다.			

2 다음은 앞의 글을 읽은 친구들의 대화입니다. 이 글을 잘못 이해하고 있는 친구는 누구인가요?

① 이 글에는 출판사를 찾아간 목적은 나타났지만 누구와 갔는지는 나타나 있지 않아.

② 글쓴이는 출판사 견학을 통해 책이 만들어지는 과정을 살펴보았어.

③ 이 글은 출판사를 방문한 뒤에 보고 배운 것을 쓴 견학 기록문이야.

④ 필름 출력소와 인쇄소까지 다녀왔으면 더욱 좋았을 것 같아.

 오늘 읽어 볼 글입니다. 차근차근 잘 읽고, 문제를 풀어 보세요.

20○○년 ○○월 ○○일 수요일 　　　　　　　날씨 : 맑았다가 비

　학교 수업이 끝날 무렵, 맑았던 하늘에서 갑자기 비가 내리기 시작했다. 수업을 마치고 나오는데 정문에 할머니가 커다란 우산을 들고 서 계시는 것이 보였다. 너무 반갑고 고마워서 얼른 달려가 할머니 품에 안겼다.

　할머니는 나에게 '또 다른 엄마' 이다. 엄마와 아빠는 늘 회사 일로 바쁘셔서 아침 일찍 출근하시고 밤늦게 퇴근하시기 때문에 아주 어렸을 적부터 할머니께서 나를 보살펴 주셨다. 할머니는 나에게 맛있는 음식도 만들어 주시고, 공원이나 놀이터로 나를 데리고 다니셨다. 그리고 가끔 재미있는 옛이야기를 들려주기도 하셨다. 할머니 품에서 듣는 옛이야기는 언제 들어도 재미있다. 그리고 오늘처럼 갑자기 비가 내리는 날이나 내가 준비물을 잊고 온 날이면 늘 할머니께서 학교로 찾아오신다.

　그런데 나는 가끔 할머니 말씀을 안 들은 적도 있고 할머니께 짜증을 부리는 등 버릇없이 굴기도 했다. 할머니께서 나에게 잘해 주시니까 편하게 생각하고 함부로 굴었는데 지금 생각해 보니 할머니께 너무나 죄송하다.

　얼마 전, 어떤 할머니께서 심장 마비로 돌아가시는 내용의 책을 보았는데, 그 책을 보고 나서, '할머니께서 돌아가시면 나는 어떻게 될까?' 라는 생각이 들었다. 나에게 할머니는 아주 소중한 존재이기 때문이다. 할머니께서 100세까지 오래오래 건강하게 사셨으면 좋겠다.

다음은 앞에서 읽은 글의 내용을 한눈에 볼 수 있도록 정리한 글밥지도입니다. 보기 에서 알맞은 말을 골라 빈칸을 채워 보세요. 그리고 글에 알맞은 제목과 문단의 내용을 찾아 선으로 이어 보세요.

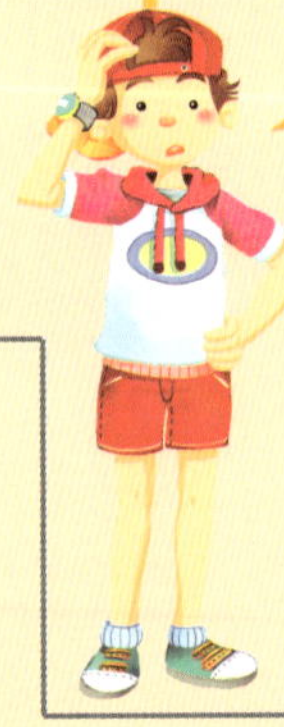

글쓴이를 돌보아 주신 분은 누구지?

20○○년 ○○월 ○○일 수요일

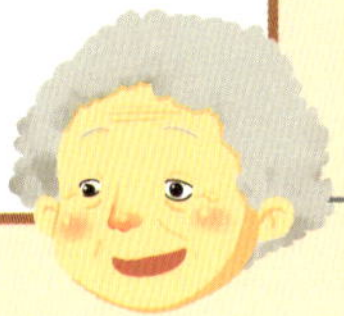

언제 쓴 글이지?

나

오늘 있었던 일은?

다

나를 돌보아 주신 이유는?

가

제목

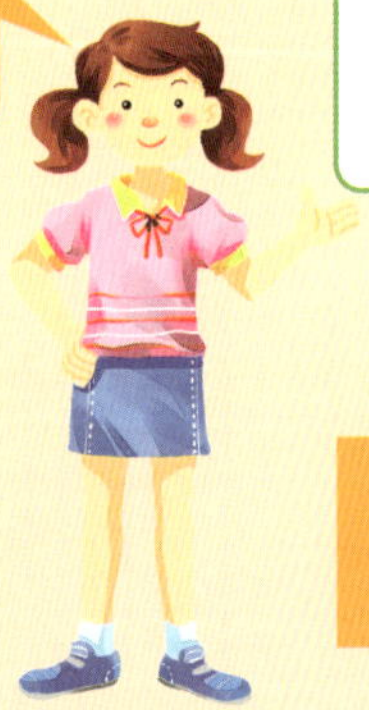

글에 어울리는 제목을 골라 연결해 봐!

할머니의 사랑

할머니의 음식 솜씨

할머니 걱정

알맞아!

관계없어!

범위가 좁아!

42

나에게 해 주신 일은?

- 맛있는 음식을 만들어 주신다.
- 공원, 놀이터에 데려가 주신다.
- 【라】 를 들려주신다.
- 우산과 준비물을 챙겨 주신다.

생각과 느낌은?

- 버릇없이 굴어서 죄송하다.
- 【마】

문단

1문단	2문단	3문단	4문단
할머니에 대한 나의 마음	오늘 있었던 일	할머니에 대한 나의 바람	할머니가 나에게 해 주신 일

1 다음은 손녀 민정이가 할머니께 드린 편지입니다. 편지에 담긴 민정이의 마음으로 바르지 <u>못한</u> 것을 찾아 ∨표 해 보세요.

> 할머니께
> 할머니, 안녕하세요. 저 민정이에요.
> 오늘 할머니께서 우산을 가져다주셔서 정말 고맙습니다.
> 갑자기 비가 내려서 걱정하고 있었는데, 우산을 들고 서 계시는 할머니를 보니 참 반가웠어요.
> 그동안 제가 할머니께 너무 버릇없이 굴었죠?
> 제가 늘 버릇없이 구는데도 항상 저를 생각해 주시고, 챙겨 주셔서 고맙습니다.
> 앞으로도 건강하게 오래오래 사세요.
> 저도 착한 손녀 민정이가 되겠습니다.
> 그럼 안녕히 계세요.
>
> 　　　　　　　　　　　　　　　　　2000년 ○○월 ○○일
> 　　　　　　　　　　　　　　　　　　　　　민정 드림

| 감사하다. | ☐ | 죄송하다. | ☐ | 후회스럽다. | ☐ | 후련하다. | ☐ |

2 다음은 앞의 글을 읽은 친구들의 대화입니다. 이 글을 <u>잘못</u> 이해하고 있는 친구는 누구인가요?

① 할머니 말씀을 안 듣고 짜증 냈던 일을 반성하는 마음이 드러나 있어.

② 할머니에 대한 서운한 마음 이 가득 담겨 있어.

③ 이 글을 읽으니 우리 할머니 생각이 나. 나도 할머니께 잘 해 드려야겠다고 결심했어.

④ 할머니가 돌아가실까 봐 걱정 하는 걸 보니 글쓴이는 마음 이 따뜻하고 여린 것 같아.

꼼꼼히 집중하여 읽기

글의 갈래	안내하는 글
걸린 시간	분 초

오늘 읽어 볼 글입니다. 차근차근 잘 읽고, 문제를 풀어 보세요.

안녕, 친구들! 오늘은 어린이 도서관을 이용하는 방법에 대해 알아보겠습니다. 어린이 도서관은 오전 9시부터 오후 6시까지 이용할 수 있어요. 단, 매월 첫째, 셋째 월요일과 공휴일에는 도서관 문을 열지 않아요.

어린이 도서관 열람실①을 이용하기 위해서는 회원 가입이 필수예요. 열람실에 들어갈 때에는 간단한 필기도구만 가지고 들어갈 수 있기 때문에 가방은 보관함에 넣고, 열람실 이용이 끝난 뒤 찾아가야 한답니다.

책을 얼마나 빌릴 수 있냐고요? 어린이 도서관에서 빌릴 수 있는 책의 권수는 한 사람당 3권이에요. 대출②한 책은 14일 안에 반납③해야 하는데, 만약 대출한 책을 더 오래 보고 싶다면 일주일 연장을 신청할 수 있어요.

이제 도서관을 어떻게 이용해야 하는지 잘 알겠죠? 참! 도서관은 여러 사람이 이용하는 곳이므로 반드시 지켜야 할 예절이 있어요. 첫째, 도서관을 이용할 때에는 조용히 해야 해요. 꼭 필요할 때에는 작은 소리로 소곤소곤 말하고 휴대 전화는 진동으로 해 놓아야 하며 통화를 할 때에는 열람실 밖에서 해야 한답니다. 둘째, 음료수나 간식 등을 먹을 때에는 휴게실을 이용해야 해요. 책이 더러워지거나 음식 냄새 때문에 열심히 공부하는 다른 친구들에게 피해가 될 수 있기 때문이에요. 셋째, 도서관의 책을 접거나 찢어 가는 일을 절대로 하지 말아야 해요. 혼자서만 보는 책이 아니니까요. 여러 친구가 빌려 보는 책이므로 깨끗이 보려고 노력해야겠죠?

① **열람실** : 도서관 등에서 책 따위를 보는 방

② **대출** : 물건 따위를 빌려 주거나 빌림

③ **반납** : 물건 따위를 도로 돌려줌

다음은 앞에서 읽은 글의 내용을 한눈에 볼 수 있도록 정리한 글밥지도입니다. 보기 에서 알맞은 말을 골라 빈칸을 채워 보세요. 그리고 글에 알맞은 제목과 문단의 내용을 찾아 선으로 이어 보세요.

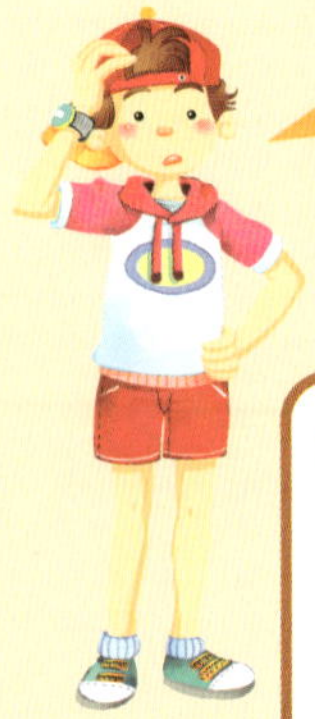

나

다

한 명당 3권, 14일 이내 반납

이용 시간은?

휴관일은?

대출 권수와 기간은?

무엇을 이용하는 방법에 대해 설명하고 있지?

가

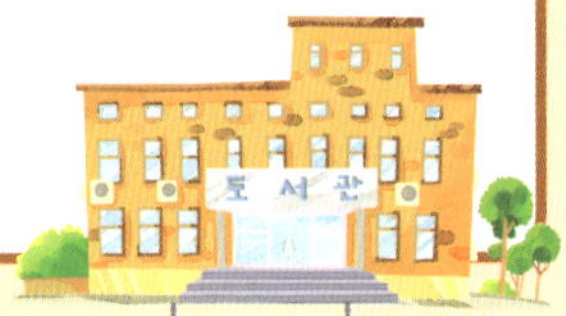

제목

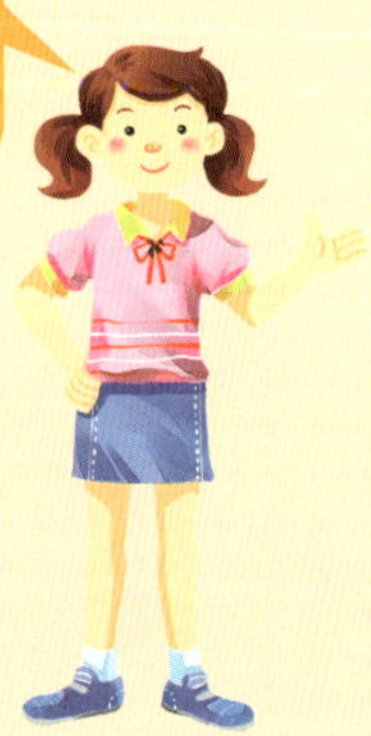

글에 어울리는 제목을 골라 연결해 봐!

도서관에서 지킬 예절

어린이 도서관 이용 안내

책을 읽자

알맞아!

관계없어!

범위가 좁아!

보기
① 첫째, 셋째 월요일과 공휴일　② 오전 9시부터 오후 6시까지
③ 가방은 보관함에 보관해야 한다.　④ 첫째, 셋째 목요일과 명절　⑤ 어린이 도서관
⑥ 어린이 박물관　⑦ 회원 가입　⑧ 지켜야 할 예절

이용 자격 — 　라　을 해야 한다.

이용 방법
- 간단한 필기도구만 가지고 갈 수 있다.
- 마
- 이용이 끝난 뒤 가방을 찾아간다.

열람실 이용

바
- 조용히 해야 한다.
- 음식을 먹을 때에는 휴게실을 이용한다.
- 책을 접거나 찢지 않는다.

문단

1문단	2문단	3문단	4문단
대출 권수와 대출 기간	이용 시간과 휴관일	도서관에서 지켜야 할 예절	도서관 이용 자격과 절차

1 다음은 앞에서 읽은 글을 안내문으로 바꾸어 쓴 것입니다. 보기 에서 알맞은 말을 골라 안내문을 완성해 주세요.

안내문

• 이용 시간 : 오전 9시~오후 6시(단, 매월 첫째, 셋째 월요일과 공휴일은 휴관)

• 대출 권수와 대출 기간 : 1명당 3권 / 14일 이내 반납 (일주일 ① _____ 신청 가능)

• 열람실 이용 시 주의 사항 : * 큰 소리로 떠들지 맙시다.

　　　　　　　　　　　　　* 열람실 안에서 ② _____ 을 먹지 맙시다.

　　　　　　　　　　　　　* 책을 접거나 찢어 가는 일을 하지 맙시다.

어린이 도서관장

보기

| 연장 | 음식 | 반납 | 책 |

---

2 다음은 앞의 글을 읽은 친구들의 대화입니다. 이 글을 <u>잘못</u> 이해하고 있는 친구는 누구인가요?

① 이 글을 통해 도서관 이용 방법과 지켜야 할 예절을 알 수 있어.

② 도서관을 이용할 때 지켜야 할 예절 세 가지를 말하고 있어.

③ 평일 오전 9시 이전이나 오후 6시 이후에는 도서관을 이용할 수 없어.

④ 책을 접거나 찢어 가면 다시는 책을 빌릴 수 없다고 하니 조심해야 해.

 오늘 읽어 볼 글입니다. 차근차근 잘 읽고, 문제를 풀어 보세요.

옛날 고려 시대 거령현, 오늘날의 전라북도 임실군에 김개인이라는 사람이 살았습니다. 김개인에게는 충직하고 총명한 개 한 마리가 있었는데, 김개인은 그 개를 아끼고 사랑하여 그가 가는 곳이면 어디든지 데리고 다녔습니다. 어느 날, 김개인은 개를 데리고 동네잔치에 갔습니다. 잘 먹고 즐겁게 논 뒤, 술에 취해 집으로 돌아오던 김개인은 그만 풀밭에서 잠이 들었습니다.

그런데 그때 들불이 일어났습니다. 놀란 개는 주인을 깨우기 위해 애썼지만 김개인은 아무것도 모른 채 잠에서 깨어나지 않았습니다. 그 사이 불길은 점점 가까이 다가왔습니다. 개는 안타까워서 펄쩍펄쩍 뛰었습니다.

"어쩌면 좋아. 주인님이 위험해. 어서 물을 찾아야 해."

개는 가까운 냇물로 달려가 온몸에 물을 묻히고 왔습니다. 그리고 주인 주위를 데굴데굴 굴러 들불을 끄기 시작했습니다. 개가 이런 행동을 여러 차례 반복하자, 다행히 들불은 주인에게 닿지 않았지만 개는 지쳐 쓰러져 죽고 말았습니다.

잠에서 깨어난 김개인은 개가 자신을 구하려다 죽은 것을 알고, 몹시 슬퍼하며 개를 묻어 주고 그 옆에 자신의 지팡이를 꽂았습니다.

그런데 얼마 뒤 지팡이에서 싹이 돋기 시작하였고 시간이 흘러 지팡이는 커다란 느티나무로 자라났습니다. 사람들은 그 나무를 '개 오(獒)' 자와 '나무 수(樹)' 자를 합하여 '오수'라고 불렀고, 오수는 이 마을의 이름이 되었습니다.

다음은 앞에서 읽은 글의 내용을 한눈에 볼 수 있도록 정리한 글밥지도입니다. 보기
에서 알맞은 말을 골라 빈칸을 채워 보세요. 그리고 글에 알맞은 제목과 이야기의
순서를 찾아 선으로 이어 보세요.

나

때

곳

배경은?

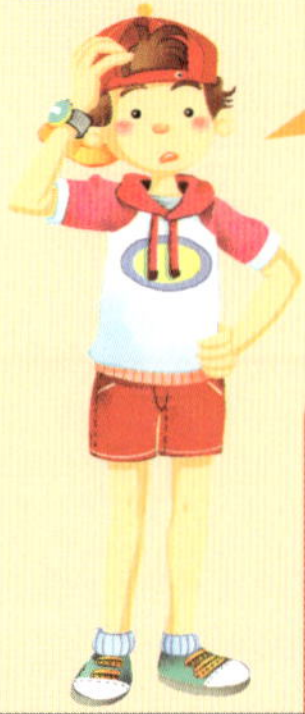

이야기의
주인공은 누구지?

다

가

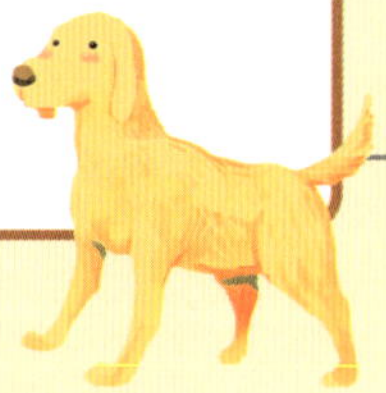

라

주인은
누구지?

제목

글에 어울리는
제목을 골라
연결해 봐!

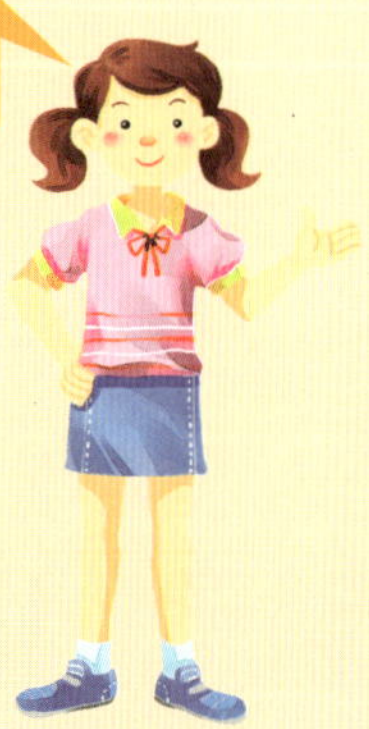

우리의 전설

오수의 개

우리의 신화

알맞아!

관계없어!

범위가 넓어!

보기

1 비겁하고 사납다.   2 충직하고 총명하다.   3 거령현
4 개   5 고양이   6 고려 시대
7 김개인   8 주인을 구하려다가 지쳤기 때문에

마

성격을 알 수 있는 말

성격을 알 수 있는 행동

성격은?

"주인님이 위험해. 어서 물을 찾아야 해."

냇물에 몸을 적신 뒤, 주인 주위를 데굴데굴 굴러서 들불을 껐다.

왜 죽었지?

바

순서

첫 번째   두 번째   세 번째   네 번째   다섯 번째

들불이 일어나 김개인이 자고 있는 곳 가까이 까지 번졌다.

아기는 개와 함께 잔치에 다녀오던 김개인은 술에 취해 풀밭에서 잠이 들었다.

김개인은 아무것도 모른 채 잠에서 깨어 나지 않았다.

개의 무덤 옆에 꽂은 지팡이가 나무로 자라자 사람들은 이 마을을 '오수'라 불렀다.

개는 몸에 물을 묻혀 와 들불을 꺼서 주인을 구 했지만 지쳐서 죽었다.

1 다음은 이야기의 중요한 장면입니다. 이 장면에서 개의 마음으로 알맞지 <u>않은</u> 것을 골라 ∨표 해 주세요.

| 걱정스럽다. | ☐ | 짜릿하다. | ☐ | 괴롭다. | ☐ | 다급하다. | ☐ |

2 다음은 앞의 글을 읽은 친구들의 대화입니다. 이 글을 <u>잘못</u> 이해하고 있는 친구는 누구인가요?

① 전라북도 임실군에 전해 내려오는 '오수' 라는 지명에 얽힌 전설이야.

② 충성심이 강하고 총명한 개 이야기를 읽으면서 나도 이런 개가 있었으면 좋겠다고 생각했어.

③ 김개인의 개는 주인을 배신하고 자기만 살기 위해 몸에 물을 묻힌 거야.

④ 주인을 살리기 위해 죽을 힘을 다한 개를 생각하니 눈물이 나.

 오늘 읽어 볼 글입니다. 차근차근 잘 읽고, 문제를 풀어 보세요.

김치는 배추나 무 등의 채소를 소금에 절인 뒤, 고춧가루와 파, 마늘, 생강 등의 양념과 젓갈 등을 넣고 버무려 발효시켜 먹는 한국의 전통 음식이에요.

김치는 우리 민족의 삶과 더불어 시작되었다고 해도 지나치지 않을 정도로 오랜 역사를 가지고 있어요. 김치의 역사는 상고 시대^①부터 시작되었는데, 고려 시대까지는 김치에 고추가 들어가지 않았다고 해요. 조선 시대 후기가 되어서야 우리 조상들은 고추를 먹기 시작했기 때문이지요. 그래서 이때부터 고추를 넣은 빨간색의 김치가 만들어지기 시작했어요.

김치는 재료에 따라 수십, 수백 가지 종류로 만들 수 있는 음식이에요. 배추를 주재료로 이용하여 만든 배추김치, 백김치 등이 있고, 오이를 주재료로 이용하여 만든 소박이김치가 있어요. 또, 무를 주재료로 이용하여 만든 깍두기 김치와 총각김치가 있고, 갓을 주재료로 이용하여 만든 갓김치도 있답니다.

이렇게 종류도 다양한 김치는 효능^② 또한 놀라워요. 김치는 항암^③ 효과가 있고, 노화 억제, 면역성 강화, 나쁜 균과 싸우는 기능 등이 뛰어난 식품으로 밝혀졌어요. 또, 요구르트와 함께 세계 5대 건강식품으로 선정되기도 했어요.

이러한 이유로 최근에는 외국인들에게도 김치가 건강식품으로 인기를 모으고 있어요. 프랑스나 이탈리아의 고급 음식점과 외국의 슈퍼마켓에서도 김치가 판매되고 있다고 하니 정말 자랑스럽지요?

① **상고 시대** : 아주 오랜 옛날(고조선 때부터 삼한 시대까지의 시기)

② **효능** : 좋은 결과를 보이는 능력

③ **항암** : 암세포가 늘어나는 것을 막거나 암세포를 죽이는 것

다음은 앞에서 읽은 글의 내용을 한눈에 볼 수 있도록 정리한 글밥지도입니다. 보기 에서 알맞은 말을 골라 빈칸을 채워 보세요. 그리고 글에 알맞은 제목과 문단의 내용을 찾아 선으로 이어 보세요.

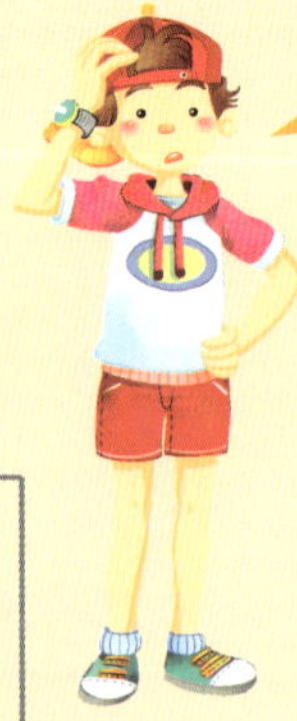

무엇을 설명하고 있지?

채소를 소금에 절인 뒤 양념과 젓갈 등을 넣고 **나**

의미

시작

다

김치란?

가

배추김치, 백김치

배추

라

오이

마

무

갓김치

갓

김치의 종류는?

제목

자랑스러운 김치 · · 알맞아!

김치의 역사 · · 관계없어!

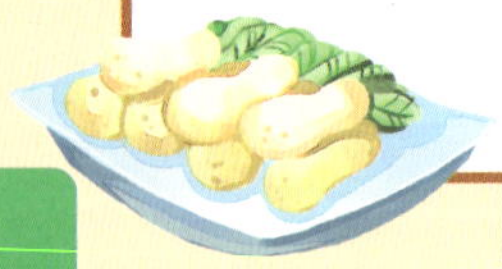

프랑스 음식 · · 범위가 좁아!

보기

① 김치
② 상고 시대
③ 발효시킨 음식
④ 깍두기, 총각김치
⑤ 김치의 나쁜 점
⑥ 소박이김치
⑦ 외국의 슈퍼마켓에서 판매
⑧ 항암 효과

효능은?

바

노화 억제

면역성 강화

나쁜 균과 싸우는 기능

김치의 인기

프랑스나 이탈리아의 고급 음식점에서 판매

사

문단

각 문단에 담긴 내용을 잘 생각해 봐.

1문단	2문단	3문단	4문단	5문단
김치의 종류	김치의 의미	김치의 세계화	김치의 역사	김치의 효능

1 다음은 김치를 간단히 설명하는 글입니다. 보기 에서 빈칸에 들어갈 알맞은 말을 골라 답해 보세요.

김치는 ① _____ 등의 채소를 ② _____ 에 절인 다음,

고춧가루와 파, 생강, ③ _____ 등의 양념과 ④ _____ 등을 넣

고 버무려 ⑤ _____ 시켜 먹는 한국의 전통 음식입니다.

보기   배추와 무   젓갈   발효   소금   마늘

2 다음은 앞의 글을 읽은 친구들의 대화입니다. 이 글을 잘못 이해하고 있는 친구는 누구인가요?

① 김치는 냄새가 고약해서 외국인들은 절대로 먹지 않는다니 안타까워.

② 김치는 상고 시대부터 전해 내려온 우리 민족의 전통 음식이야.

③ 글쓴이는 주재료를 기준으로 김치의 종류를 나누었어.

④ 김치는 요구르트와 함께 세계 5대 건강식품으로 선정되기도 했대.

오늘 읽어 볼 글입니다. 차근차근 잘 읽고, 문제를 풀어 보세요.

엄마를 따라서 인사동에 갔다가 장민숙 화가의 그림 전시회를 보고 왔다. 엄마는 '장민숙 화가는 주로 바쁘고 분주한 사람들이 꿈꾸는 한가로운 풍경 특히 집과 나무를 많이 그리는 화가' 라고 말씀해 주셨다.

처음 미술관의 유리문을 열고 들어갔을 때, 벽면에 전시된 커다란 그림들은 밝고 따뜻한 색으로 면을 나눈 추상화처럼 느껴졌다. 찬찬히 살펴보니 '산책' 이라는 제목이 붙은 작품들은 모두 집을 그린 그림이었다. 집들이 빈 곳 없이 다닥다닥 붙어 있는 서민의 마을을 소박하게② 표현했다.

특히 인상 깊었던 것은 그림의 색깔이었다. 전시된 그림들은 주로 주황색, 흰색, 노란색 계통을 사용했다. 그래서인지 화려하지 않은 집 안에서 밝은 불빛이 새어 나오는 것 같아 매우 따뜻하고 포근하게 느껴졌다. 마치 집 안에서 가족들이 정답게 모여 앉아 오순도순 이야기를 나누고 있을 것 같다는 생각이 들었다. 그림 속에서 누군가가 내 귓가에 "오늘 하루는 어땠니?" 하고 묻는 듯했다.

지금까지는 미술 감상이 매우 어려운 것이라고 생각했는데 오늘 경험을 통해 쉽고 즐거운 일이라는 것을 알았다. 앞으로는 미술 전시회가 열리는 곳을 자주 찾아다니며 미술 감상을 해야겠다고 다짐했다.

❶ 추상화 : 사물의 사실적 표현이 아니고 순수한 점, 선, 면, 색채에 의해 표현한 그림

❷ 소박하게 : 꾸밈이나 거짓이 없고 수수하게

다음은 앞에서 읽은 글의 내용을 한눈에 볼 수 있도록 정리한 글밥지도입니다. 보기 에서 알맞은 말을 골라 빈칸을 채워 보세요. 그리고 글에 알맞은 제목을 찾아 선으로 이어 보세요.

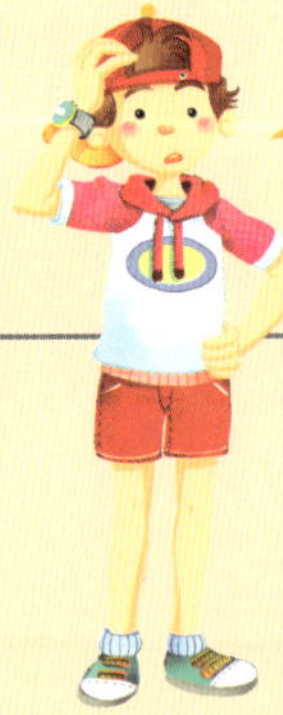

감상한 그림의 제목은 무엇이지?

나

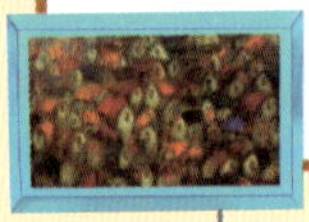

그림을 감상한 동기는?

가

장민숙 — 이름

누가 그렸지?

다 — 즐겨 그리는 것

제목

미술 전시회

'산책' 전시회를 다녀와서

〈산책〉을 읽고 나서

알맞아!

관계없어!

범위가 넓어!

58

보기

① 엄마를 따라서 인사동에 갔다가   ② 산책   ③ 한가로운 풍경, 집과 나무

④ 그림의 크기   ⑤ 차갑고 무섭게 느껴졌다.

⑥ 포근하게 느껴졌다.   ⑦ 그림의 색깔   ⑧ 오늘 하루는 어땠니?

감상은?

글쓴이가 처음 그림을 보았을 때 느낌과 그림을 보며 떠올린 생각과 느낌 등을 정리해 봐!

- **그림에 대한 첫인상** — 밝고 따뜻한 색으로 면을 나눈 추상화처럼 느껴졌다.

- **인상 깊었던 점** — **라**

- **생각이나 느낌**
  - 매우 따뜻하고 **마**
  - 가족들이 오순도순 이야기를 나누고 있을 것 같다는 생각이 들었다.
  - 그림 속에서 누군가가 " **바** " 하고 묻는 듯했다.

- **다짐** — 미술 전시회가 열리는 곳을 자주 찾아다니며 미술 감상을 해야겠다.

1 다음은 글쓴이가 작품 '산책'을 본 뒤 느낀 감상입니다. 글쓴이의 감상을 읽고 떠오르는 모습을 상상하여 직접 그려 보세요.

주황색, 흰색, 노란색을 사용하여 집들이 다닥다닥 붙어 있는 서민의 마을을 소박하게 표현하고 있어. 그래서인지 따뜻하고 포근하게 느껴졌어.

2 다음은 앞의 글을 읽은 친구들의 대화입니다. 이 글을 <u>잘못</u> 이해하고 있는 친구는 누구인가요?

① '산책'은 밝고 따뜻한 느낌을 주는 집을 그린 그림이야.

② 장민숙 화가는 한가로운 풍경이나 나무와 집을 주로 그린다고 해.

③ 글쓴이는 미술 감상이 쉽지 않은 일이라는 것을 알게 되었다고 했어.

④ 이 글에는 글쓴이의 생각과 느낌이 잘 나타나 있어.

오늘 읽어 볼 글입니다. 차근차근 잘 읽고, 문제를 풀어 보세요.

그날 겪은 일, 생각이나 느낌 등을 기록한 글인 일기를 쓰는 것은 매우 좋은 일이라고 생각한다. 자신의 하루를 반성해 볼 수 있고, 오랜 시간이 지난 뒤에도 어떤 일들이 있었는지 생생하게 알 수 있기 때문이다. 그래서인지 학교에서는 일기 쓰기를 중요하게 여겨 일기를 검사한다. 하지만 학교에서 일기를 검사하는 일이 옳은 일일까?

물론 일기 검사는 좋은 점도 있다. 일기 검사를 통해 선생님과 부모님께서 우리의 생활을 잘 알게 되고 이해할 수 있다. 또, 문장과 맞춤법 지도 등 글쓰기 지도를 해 주실 수 있다. 그러나 일기 검사는 나쁜 점이 더 많다. 일기는 자신의 생각이나 느낌을 솔직하게 쓰는 글이다. 비밀 이야기를 쓸 때도 있고 선생님이나 부모님을 원망하는 내용도 쓰고 싶을 때가 있다. 하지만 일기를 검사한다면 일기를 솔직하게 쓸 수 없다. 또, 감추고 싶은 비밀이 드러나서 어린이의 사생활이 침해된다.

어린이도 자신의 솔직한 마음을 일기장에 기록할 권리가 있다. 또, 어린이도 인격을 가진 인격체이므로 사생활이 보호되어야 한다. 어린이의 생활을 이해하고 싶을 때에는 일기 검사가 아니라 많은 대화를 해야 하고, 글쓰기 지도는 다른 종류의 글쓰기를 가지고 할 수 있다. 그러므로 일기 검사를 하지 말아야 한다.

❶ 반성 : 자신의 행동에 대하여 잘못이나 부족함이 없는지 돌이켜 봄

❷ 사생활 : 개인의 사사로운 일상생활

❸ 인격체 : 사람으로서 인격을 갖춘 개체

글밥지도 그리기

다음은 앞에서 읽은 글의 내용을 한눈에 볼 수 있도록 정리한 글밥지도입니다. 보기 에서 알맞은 말을 골라 빈칸을 채워 보세요. 그리고 글에 알맞은 제목과 글의 짜임에 해당하는 내용을 찾아 선으로 이어 보세요.

이 글의 중심 소재는 무엇이지?

나 [   ],
생각이나 느낌 등을 기록하는 글

뜻

다 [   ]를
반성해 볼 수 있다.

일기의 좋은 점

일기란?

가 [   ]

오랜 시간이 지난 뒤에도 어떤 일이 있었는지 자세하게 알 수 있다.

라 [   ]

글쓴이의 주장은?

제목

일기 검사는 옳은 일인가?

일기를 검사하자

일기 검사의 나쁜 점

알맞아!

관계없어!

범위가 좁아!

보기

① 글쓰기   ② 일기 검사   ③ 그날 겪은 일   ④ 자신의 하루

⑤ 글쓰기 지도를 할 수 있다.   ⑥ 솔직하게 쓸 수 없다.

⑦ 일기 검사를 계속 해야 한다.   ⑧ 일기 검사를 하지 말아야 한다.

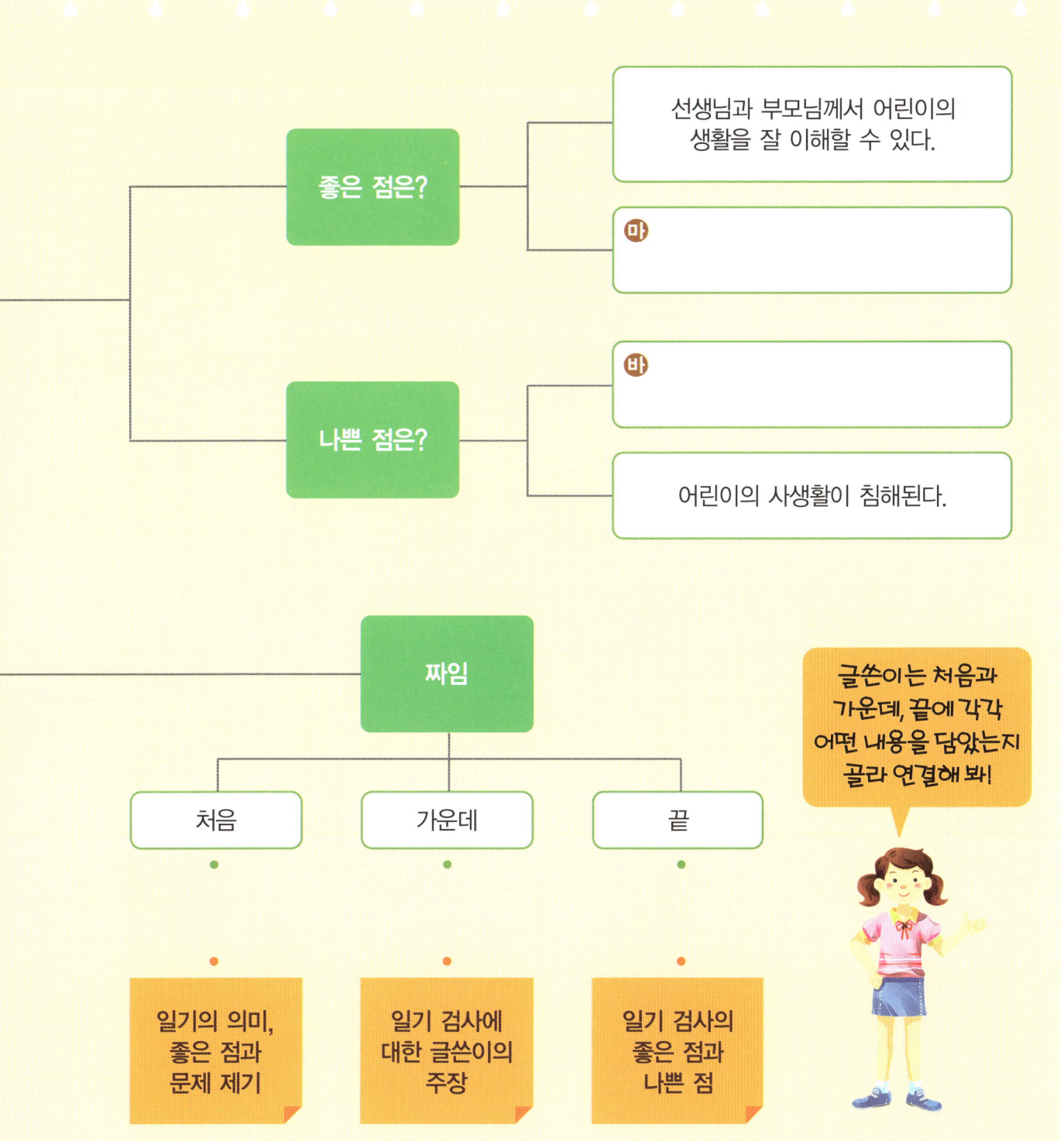

좋은 점은?

선생님과 부모님께서 어린이의 생활을 잘 이해할 수 있다.

마

나쁜 점은?

바

어린이의 사생활이 침해된다.

짜임

처음   가운데   끝

일기의 의미, 좋은 점과 문제 제기

일기 검사에 대한 글쓴이의 주장

일기 검사의 좋은 점과 나쁜 점

글쓴이는 처음과 가운데, 끝에 각각 어떤 내용을 담았는지 골라 연결해 봐!

1 다음은 글쓴이가 제기한 문제와 주장을 정리한 것입니다. 그 주장을 뒷받침해 줄 수 있는 까닭으로 알맞은 것을 골라 ○표 해 보세요.

문제 제기	학교에서는 일기 쓰기를 중요하게 여겨 일기를 검사한다. 하지만 학교에서 일기를 검사하는 일이 옳은 일일까?
주장	일기 검사를 하지 말아야 한다.
까닭	① 일기를 검사한다면 일기를 솔직하게 쓸 수 없다. ☐
	② 감추고 싶은 비밀이 드러나게 되어 어린이의 사생활이 침해된다. ☐
	③ 일기 검사를 통해 문장과 맞춤법 지도를 할 수 있다. ☐
	④ 어린이도 자신의 솔직한 마음을 일기장에 기록할 권리가 있다. ☐

2 다음은 앞의 글을 읽은 친구들의 대화입니다. 이 글을 잘못 이해하고 있는 친구는 누구인가요?

① 그날그날 겪은 일, 생각이나 느낌 등을 기록하는 일은 매우 좋은 일이야.

② 글쓴이의 주장은 결국 일기를 솔직하게 쓰면 안 된다는 것이야.

③ 어린이를 잘 이해하려면 일기 검사보다는 대화가 더 중요하다고 생각해.

④ 나도 누가 읽을 것을 생각해서 솔직하지 않게 일기를 쓴 적이 있어. 일기 검사는 하지 않는 것이 좋아.

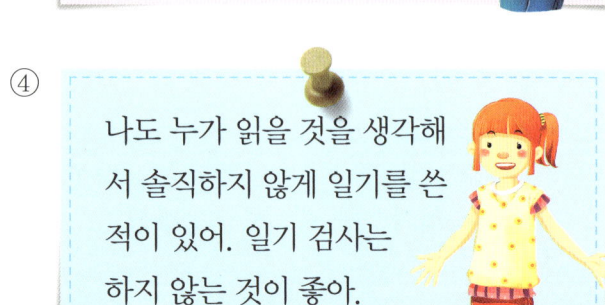

오늘 읽어 볼 글입니다. 차근차근 잘 읽고, 문제를 풀어 보세요.

자장자장❶ 우리 아기 자장자장 우리 아기
꼬꼬 닭아 우지 마라 우리 아기 잠을 깰라
멍멍 개야 짖지 마라 우리 아기 잠을 깰라
자장자장 우리 아기 자장자장 잘도 잔다

금자동아❷ 은자동아 우리 아기 잘도 잔다
금을 주면 너를 사며 은을 주면 너를 사랴
나라에는 충신동아❸ 부모에는 효자동아❹
자장자장 우리 아기 자장자장 잘도 잔다

❶ **자장자장** : 어린아이를 재울 때 조용히 노래 부르듯이 내는 소리

❷ **금자동** : 어린아이를 금과 같이 귀하다는 뜻으로 이르는 말

❸ **충신동** : 장차 충신이 될 어린아이

❹ **효자동** : 효성이 지극한 어린아이

글밥지도 그리기

다음은 앞에서 읽은 노래의 내용을 한눈에 볼 수 있도록 정리한 글밥지도입니다. 보기에서 알맞은 말을 골라 빈칸을 채워 보세요. 그리고 글에 알맞은 제목과 노래에서 짝을 이루는 말을 찾아 선으로 이어 보세요.

누구를 재우고 있지?

나

가

언제 부르지?

다

몇 연❶ 몇 행이지?❷

라

재울 때 내는 소리는?

글에 어울리는 제목을 골라 연결해 봐!

제목

전래 동요의 역사

자장가

귀여운 우리 아기

알맞아!

관계없어!

범위가 좁아!

보기

① 아기를 깨울 때   ② 아기를 재울 때   ③ 2연 8행

④ 4연 8행   ⑤ 아기   ⑥ 자장자장

⑦ 부모에는 효자동아   ⑧ 자장자장 잘도 잔다.

반복되는 말은?

자장자장 우리 아기

마

어울리는 말은?

꼬꼬 닭아	• •	짖지 마라
멍멍 개야	• •	충신동아
나라에는	• •	효자동아
부모에는	• •	우지 마라

① **연** : 시의 몇 행(줄)을 한 단위씩 묶어서 구분한 부분
② **행** : 시의 한 줄

1 다음 빈칸에 어울리는 말을 보기에서 골라 새로운 자장가를 지어 보세요.

자장자장 우리 아기 자장자장 우리 아기

① ＿＿＿＿＿ 우지 마라 우리 아기 잠을 깰라

② ＿＿＿＿＿ 짖지 마라 우리 아기 잠을 깰라

자장자장 우리 아기 자장자장 잘도 잔다

금자동아 ③ ＿＿＿＿＿ 우리 아기 잘도 잔다

금을 주면 너를 사며 돈을 주면 너를 사랴

나라에는 충신동아 부모에는 ④ ＿＿＿＿＿

자장자장 우리 아기 자장자장 잘도 잔다

보기

깍깍 까치	우리 아기
자장자장	음매 소야
잠을 깰라	보석동아
말썽동아	사랑동아
짹짹 참새	행복동아
애교동아	꽥꽥 오리

2 다음은 앞의 글을 읽은 친구들의 대화입니다. 이 글을 잘못 이해하고 있는 친구는 누구인가요?

① 네 글자씩 반복되고 있어서 이 노래를 들으면 저절로 잠이 올 것 같아.

② 옛날에는 금과 은을 주면 아이를 살 수 있었나봐.

③ 나라에 충성하고 부모님께 효도하는 것을 중요하게 생각한다는 것을 알 수 있어.

④ 엄마가 아기를 안고 토닥토닥 두드리며 잠재우는 장면이 떠올라.

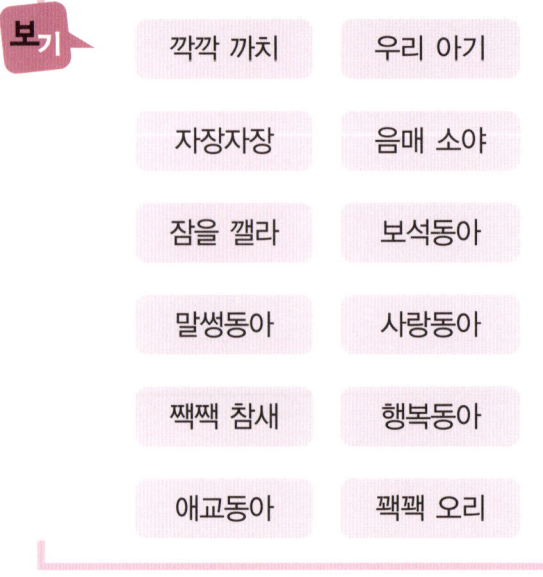

오늘 읽어 볼 글입니다. 차근차근 잘 읽고, 문제를 풀어 보세요.

심장병 친구 돕기 모금 운동

학생과 교사가 모금 운동 벌여 1,100만 원 모아

샛별 초등학교 학생들과 교사들은 심장 수술을 받고 치료 중인 이강산(9살) 군을 돕기 위해 4월 6일부터 혜화동 마로니에 공원에서 2차 모금 운동을 활발하게 벌이고 있다.

태어날 때부터 심장병을 앓아 온 강산이는 세 차례에 걸쳐 수술을 받았으나 현재 혈액 투석❶을 하고 있고, 합병증❷을 앓고 있다.

강산이 아빠는 사업 실패로 4,000만 원이 넘는 치료비를 마련할 수 없는 안타까운 처지에 놓여 있다.

강산이의 안타까운 사연을 전해 들은 샛별 초등학교 교사와 학생들은 지난 3월 28일부터 모금 운동을 벌여 1,100만 원을 이미 전달했으며, 생명 나눔 재단은 치료비 1,000만 원을 우선 전달하기로 했다.

모금 운동에 동참하는 일은 강산이에게 큰 힘이 될 것이다. 강산이의 어머니는 많은 사람이 이 모금 운동에 동참하여 줄 것을 눈물로 호소하였다.

〈○○ 일보〉 사건만 기자

❶ **혈액 투석** : 혈액을 몸 밖으로 꺼내어 노폐물을 제거하고 필요한 물질만 다시 몸 안으로 되돌려 보내는 치료법

❸ **합병증** : 어떤 질병에 곁들여 일어나는 다른 질병

글밥지도 그리기

다음은 앞에서 읽은 글의 내용을 한눈에 볼 수 있도록 정리한 글밥지도입니다. 보기에서 알맞은 말을 골라 빈칸을 채워 보세요. 그리고 기사문의 내용을 찾아 선으로 이어 보세요.

나

큰 제목

작은 제목

제목

다

이 글은 어디에서 볼 수 있지?

가

모금함

기사의 내용

강산이의 현재 상황

강산이의 집안 환경

모금 운동의 성과

모금 운동의 의미

태어날 때부터 심장병을 앓아 온 강산이는 세 차례에 걸쳐 수술을 받았다.

1,100만 원을 이미 전달했으며, 생명 나눔 재단은 치료비 1,000만 원을 전달하기로 했다.

모금 운동은 강산이에게 큰 힘이 될 것이다.

강산이 아빠는 사업 실패로 치료비를 마련할 수 없다.

보기

① 눈물로 호소하였다.   ② 누가   ③ 신문   ④ 심장병 친구 돕기 모금 운동
⑤ 이강산 군을 돕기 위해   ⑥ 마로니에 공원에서
⑦ 동화책   ⑧ 학생과 교사가 모금 운동 벌여 1,100만 원 모아

육하원칙❶으로 요약하면?

라	샛별 초등학교 학생들과 교사들이
언제	4월 6일부터
어디서	마
무엇을	2차 모금 운동을
어떻게	활발하게 벌이고 있다.
왜	바

쓴 사람 | 사건만 기자

신문 기사에는 누가, 언제, 어디서, 무엇을, 어떻게, 왜에 해당하는 내용이 담겨 있어야 해.

❶ **육하원칙** : 기사 따위를 쓸 때 지켜야 하는 기본적인 원칙. '누가, 언제, 어디서, 무엇을, 어떻게, 왜'의 여섯 가지를 이름

1 다음은 같은 일에 대해 〈☆☆신문〉 나실수 기자가 쓴 기사입니다. 육하원칙 중 무엇이 빠져 있는지 찾아 ∨표 해 보세요.

2차 심장병 친구 돕기 모금 운동
친구를 돕기 위한 작은 손길, 기적을 만들어 내

3월 28일에 있었던 1차 모금 운동을 통해 모은 돈 1,100만 원을 전달했던 샛별 초등학교 학생들과 교사들이 4월 6일부터 혜화동 마로니에 공원에서 2차 모금 운동을 벌이고 있다.

| 누가 | ☐ | 언제 | ☐ | 어디서 | ☐ |
| 무엇을 | ☐ | 어떻게 | ☐ | 왜 | ☐ |

2 다음은 앞의 글을 읽은 친구들의 대화입니다. 이 글을 <u>잘못</u> 이해하고 있는 친구는 누구인가요?

① '세 차례에 걸쳐 수술을 받았다.'는 문장은 사실이야.

② 기사문에서 강산이 아빠의 무책임한 태도를 비난하고 있어.

③ 사건만 기자는 육하원칙의 요소가 잘 드러나게 기사문을 썼어.

④ 몸이 아픈 친구를 위해 모금 운동을 하다니 정말 착한 친구들이야.

 오늘 읽어 볼 글입니다. 차근차근 잘 읽고, 문제를 풀어 보세요.

테레사는 1910년에 유고슬라비아에서 태어났어요. 3남매 중 막내로 태어난 테레사는 어린 시절부터 어머니에게 남을 돕는 일을 배우며 자랐어요. 열여덟 살이 되던 해인 1928년에 교육 사업을 하는 로레타 수녀원에 들어간 후 인도로 가게 되었어요.

테레사는 처음부터 단순한 수녀의 길을 가기보다는 봉사를 통한 선교❶ 활동을 하겠다는 열정이 있었어요. 하지만 수녀는 수도원 안에 있어야 한다고 생각하는 사람들의 반대로 많은 어려움을 겪었어요. 결국 테레사는 콜카타의 빈민촌으로 갔어요. 1950년에 테레사는 사람들과 함께 '사랑의 선교회'를 만들었어요. 테레사는 굶주린 사람들에게 날마다 먹을 것을 주었어요. 테레사 수녀는 죽어 가는 사람들을 위해 집을 만들고 길거리에서 죽어 가는 사람들을 데려와 씻어 주고 돌봐 주며 따뜻한 곳에서 눈을 감게 해 주었어요. 또, 아무도 돌봐 주지 않는 병에 걸린 사람들을 돌보는 일을 했지요.

헌신적인 사랑으로 소외된 이들을 보살핀 테레사는 1979년 노벨 평화상을 받았어요. 테레사는 소외되고 가난한 이들의 이름으로 상을 기쁘게 받겠다고 수상 소감을 말했답니다.

그 뒤, 테레사는 1997년에 콜카타에서 조용히 숨을 거두었지요. 테레사는 많은 사람의 가슴에 가난한 이들을 대변하는 인도주의자❷로 기억되고 있답니다.

❶ 선교 : 종교를 선전하여 널리 폄

❷ 인도주의자 : 인종, 국가, 종교 따위의 차이를 뛰어넘어 모든 사람의 평화와 행복을 이루는 것을 이상으로 삼는 사람

다음은 앞에서 읽은 글의 내용을 한눈에 볼 수 있도록 정리한 글밥지도입니다. 보기 에서 알맞은 말을 골라 빈칸을 채워 보세요. 그리고 글에 알맞은 제목과 주인공의 일생을 순서에 맞게 선으로 이어 보세요.

나

다

언제

어디서

출생은?

누구에 대한 이야기지?

가

3남매 중 막내

형제

라

어머니에게 배운 것

성장은?

1997년

언제

콜카타

어디서

사망은?

제목

테레사의 업적

신 나는 인도 여행

빈민의 어머니 테레사

알맞아!

관계없어!

범위가 좁아!

보기
① 남을 돕는 일
② 인도주의자
③ 테레사
④ 유고슬라비아
⑤ 1979년
⑥ 1910년
⑦ 인도의 콜카타로 갔다.
⑧ 병에 걸린 사람들을 돌보았다.

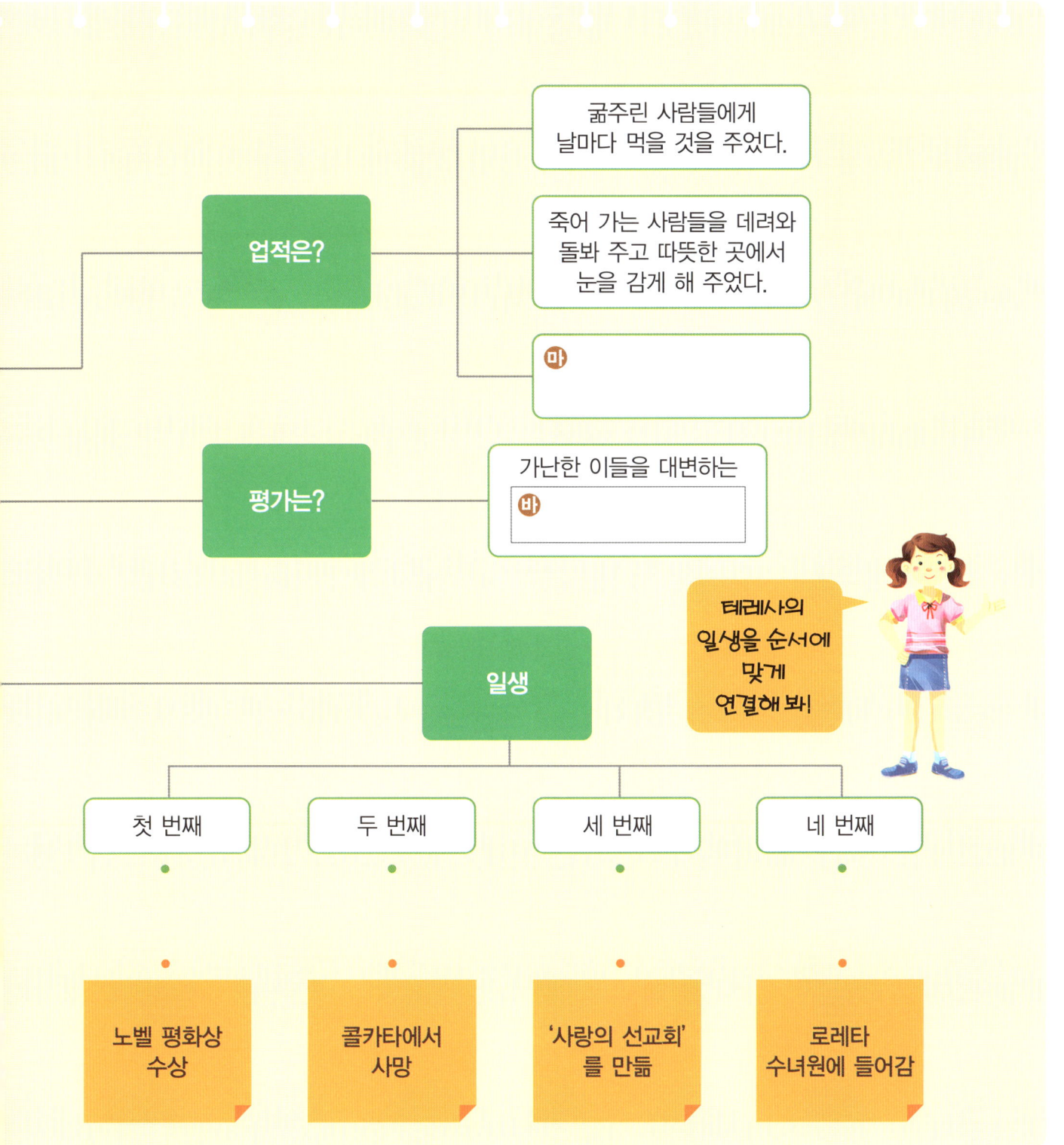

업적은?

굶주린 사람들에게 날마다 먹을 것을 주었다.

죽어 가는 사람들을 데려와 돌봐 주고 따뜻한 곳에서 눈을 감게 해 주었다.

마

평가는?

가난한 이들을 대변하는

바

테레사의 일생을 순서에 맞게 연결해 봐!

일생

첫 번째

두 번째

세 번째

네 번째

노벨 평화상 수상

콜카타에서 사망

'사랑의 선교회'를 만듦

로레타 수녀원에 들어감

1 테레사는 가난하고 소외된 사람들을 사랑으로 돌보아 주었습니다. 테레사에게 어울리는 별명을 지어 보세요.

테레사 수녀는 '날개 없는 천사' 같아, 천사처럼 어려운 사람들을 도와주었으니까.

2 다음은 앞의 글을 읽은 친구들의 대화입니다. 이 글을 <u>잘못</u> 이해하고 있는 친구는 누구인가요?

① 테레사는 집안이 너무 가난하여 수녀가 될 수밖에 없었지.

② 테레사는 봉사하며 살겠다는 열정을 가지고 인도로 갔어.

③ 테레사는 누구도 돌보지 않는 소외된 사람, 죽어 가는 사람들을 따뜻하게 돌보아 주었어.

④ 가난한 이들을 돌보는 인도주의자로 테레사 수녀님을 오래도록 기억하고 싶어.

오늘 읽어 볼 글입니다. 차근차근 잘 읽고, 문제를 풀어 보세요.

　우리 가족이 함께 즐겨 보는 텔레비전 프로그램을 소개하겠습니다. 프로그램의 이름은 'TV 쇼 우리 집 보물'인데 목요일 오후 7시에 방송합니다.

　시청자가 가지고 나온 옛 물건을 자세히 살펴보며 감정하는 프로그램으로 누구나 쉽게 보고 즐길 수 있도록 꾸몄습니다. 먼저 사회자가 나와서 그날 감정을 부탁한 사람을 소개합니다. 감정을 부탁한 사람은 그림이나 글씨, 도자기, 민속 공예품, 오래된 책 등의 감정할 물건을 갖게 된 까닭을 말합니다. 그러면 연예인과 운동선수 등으로 이루어진 감정단이 먼저 감정할 물건을 살펴보고 진품인지를 판단하여 가격을 예상해 봅니다. 그 뒤에 전문 감정단이 감정을 하고, 그 물건에 대해 알기 쉽고 재미있게 설명해 주고 값어치도 알려 줍니다.

　'TV 쇼 우리 집 보물'에 소개된 것 중에는 12억 원의 감정 가격이 나온 도자기도 있었고, 10억 원의 감정을 받은 그림도 있었습니다.

　이 프로그램은 아주 유익합니다. 세월 속에 묻혀 있던 귀한 유물을 만나 볼 수 있고 우리 민족의 생활사와 인물에 대한 정보도 얻을 수 있습니다. 아직 이 프로그램을 보지 못한 친구들이 있다면 꼭 한번 보면 좋겠습니다.

❶ **감정** : 사물의 특성이나 참과 거짓, 좋고 나쁨을 분별하여 판정함

❷ **진품** : 진짜인 물품

❸ **유익** : 이롭거나 도움이 될 만한 것이 있음

글밥지도 그리기

다음은 앞에서 읽은 글의 내용을 한눈에 볼 수 있도록 정리한 글밥지도입니다. 보기
에서 알맞은 말을 골라 빈칸을 채워 보세요. 그리고 글에 알맞은 제목과 문단의 내
용을 찾아 선으로 이어 보세요.

나

프로그램
이름은?

무엇을 소개하고
있지?

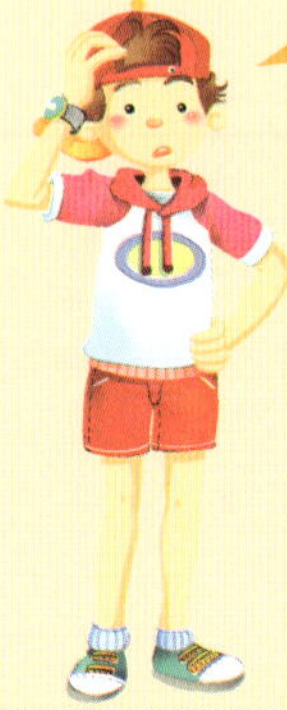

가

다

방송
시간은?

누구나 쉽게 보고
즐길 수 있도록 꾸몄다.

프로그램의
특징은?

제목

글에 어울리는
제목을 골라
연결해 봐!

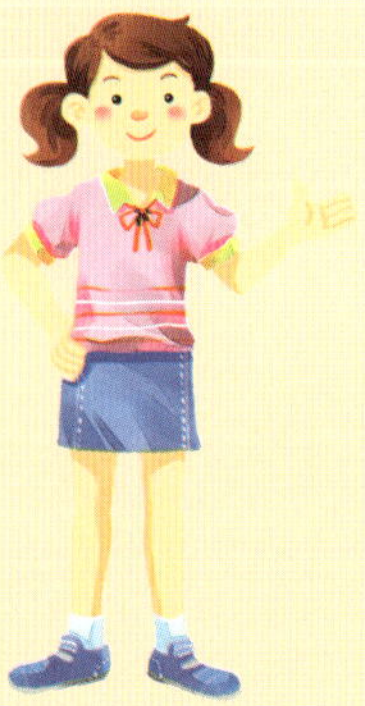

소개하는 글

'TV 쇼 우리 집
보물'을
소개합니다

미술품
수집하기

알맞아!

관계없어!

범위가 넓어!

보기

① 목요일 오후 7시 ② 토요일 오후 6시 ③ TV 쇼 우리 집 보물
④ 텔레비전 프로그램 ⑤ 감정을 부탁한 사람 ⑥ 전문 감정단
⑦ 진행 방식 ⑧ 우리 민족의 생활사

사회자가 **라** [   ] 을 소개한다.

⬇

감정할 물건을 살펴본다.

⬇

물건에 대해 설명해 주고 값어치도 알려 준다.

진행 순서는?

세월 속에 묻혀 있던 귀한 유물을
만나 볼 수 있다.

마 [   ] 와 인물에 대한 정보도 얻을 수 있다.

유익한 점은?

문단

| 1문단 | 2문단 | 3문단 | 4문단 |

프로그램의 진행
방식과 순서

프로그램 이름과
방송 시간

프로그램의
유익한 점과
권하는 말

프로그램에
소개된 보물의
예

1 앞의 글을 읽고, 프로그램에 출연하는 사람들과 그 사람들의 역할을 찾아 선으로 이어 보세요.

①
사회자

②
감정을 부탁한 사람

③
감정단

㉠ 나는 감정할 물건에 대해 알기 쉽고 재미있게 설명해 주고, 값어치도 알려 줍니다.

㉡ 나는 그날 감정할 물건과 감정을 부탁한 사람을 소개합니다.

㉢ 나는 그날 감정할 물건을 갖게 된 까닭을 말합니다.

2 다음은 앞의 글을 읽은 친구들의 대화입니다. 이 글을 잘못 이해하고 있는 친구는 누구인가요?

① 가족이 함께 즐겨 보는 텔레비전 프로그램을 소개하고 있어.

② 귀한 유물을 만나 볼 수 있고 우리 민족의 생활사와 인물에 대한 정보도 얻을 수 있대.

③ 이 프로그램은 누구나 쉽게 보고 즐길 수 있도록 꾸며졌대.

④ 오래된 물건들의 값어치를 알아보려면 비싼 감정료를 내야 해.

꼼꼼히 집중하여 읽기

글의 갈래	이야기 글
걸린 시간	분 초

 오늘 읽어 볼 글입니다. 차근차근 잘 읽고, 문제를 풀어 보세요.

옛날, 아주 큰 연못에 아들 청개구리와 엄마 청개구리가 살았습니다.

아들 청개구리는 엄마 말씀을 듣지 않고 제멋대로 행동하는 개구쟁이였답니다.

"애야, 엄마가 시장에 다녀올 테니 오늘은 집 좀 보고 있거라."

"집 보기 싫어요. 밖에 나가서 놀 거예요."

아들 청개구리는 엄마가 무슨 말씀을 하시든 꼭 반대로 행동을 했지요.

그러던 어느 날, 엄마 청개구리가 병에 걸렸어요. 엄마 청개구리는 아들을 불렀어요.

"아들아, 내가 몸이 아파서 곧 죽을 것 같구나. 내가 죽거든 산에 묻지 말고 냇가에 묻어다오."

엄마 청개구리는 아들이 산에 무덤을 만들게 하려고 반대로 말했어요.

"엄마! 돌아가시지 마세요. 이제는 말을 잘 들을게요."

아들 청개구리는 펑펑 울었지만 소용이 없었어요.

"흑흑, 살아 계실 때 엄마 말씀을 잘 들을걸!"

아들 청개구리는 처음으로 엄마 말씀대로 엄마를 냇가에 묻었답니다.

그래서 지금도 비가 오면 청개구리는 엄마 무덤이 떠내려갈까 봐, 냇가에서 개굴개굴 슬피 운다고 합니다.

다음은 앞에서 읽은 글의 내용을 한눈에 볼 수 있도록 정리한 글밥지도입니다. 보기에서 알맞은 말을 골라 빈칸을 채워 보세요. 그리고 글에 알맞은 제목과 이야기의 순서를 찾아 선으로 이어 보세요.

나

때

곳

다

배경은?

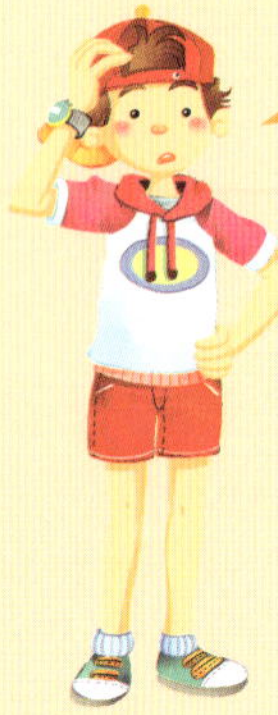

중심인물은 누구지?

가

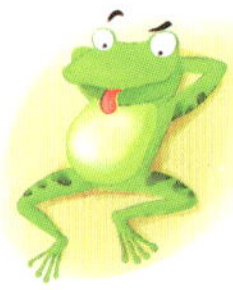

제목

글에 어울리는 제목을 골라 연결해 봐!

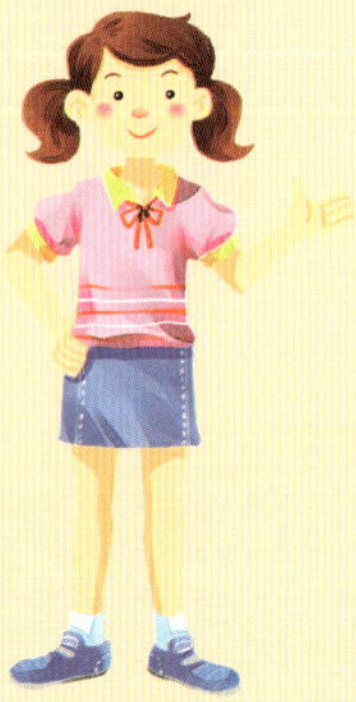

전래 동화

청개구리 삼 형제

말 안 듣는 청개구리

알맞아!

관계없어!

범위가 넓어!

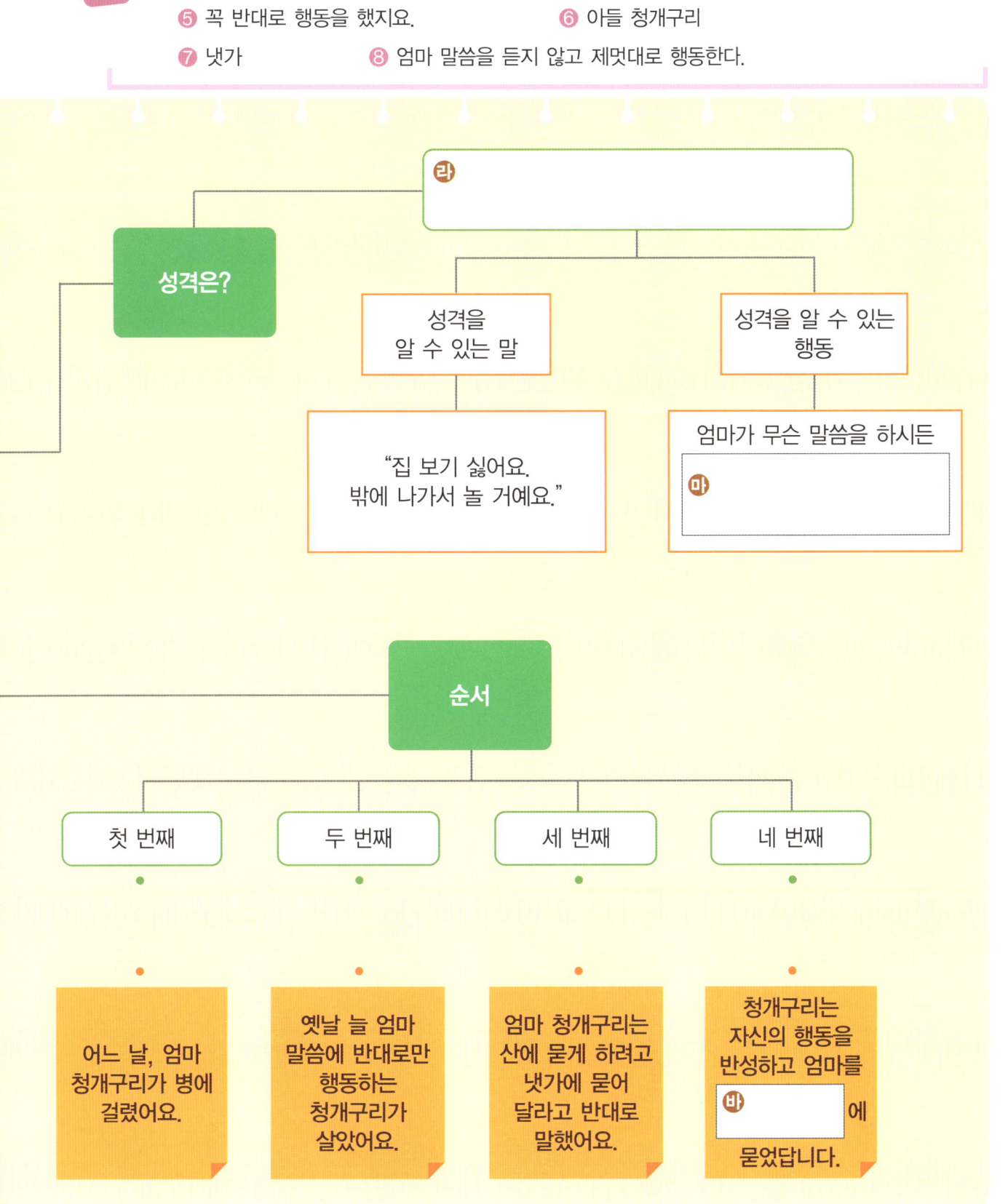

라

성격은?

성격을
알 수 있는 말

성격을 알 수 있는
행동

"집 보기 싫어요.
밖에 나가서 놀 거예요."

엄마가 무슨 말씀을 하시든
마

순서

첫 번째	두 번째	세 번째	네 번째

어느 날, 엄마
청개구리가 병에
걸렸어요.

옛날 늘 엄마
말씀에 반대로만
행동하는
청개구리가
살았어요.

엄마 청개구리는
산에 묻게 하려고
냇가에 묻어
달라고 반대로
말했어요.

청개구리는
자신의 행동을
반성하고 엄마를
바   에
묻었답니다.

1 다음은 앞의 이야기의 중요한 장면입니다. 엄마 청개구리가 다음과 같이 말한 까닭을 글에서 찾아 한 문장으로 써 보세요.

> 아들아, 내가 몸이 아파서 곧 죽을 것 같구나, 내가 죽거든 산에 묻지 말고 냇가에 묻어다오.

• 까닭은?

2 다음은 앞의 글을 읽은 친구들의 대화입니다. 이 글을 잘못 이해하고 있는 친구는 누구인가요?

① 엄마 청개구리가 죽고 나서야 아들 청개구리는 철이 들었어.

② 엄마 청개구리는 죽을 때까지 아들 청개구리를 걱정했어.

③ 엄마 청개구리는 아들 청개구리가 미워서 냇가에 묻어 달라고 유언을 남겼어.

④ 엄마 청개구리는 아들 청개구리가 반대로 행동할 것을 걱정해서 냇가에 묻으라고 말한 거야.

오늘 읽어 볼 글입니다. 차근차근 잘 읽고, 문제를 풀어 보세요.

조선 시대 김홍도가 그렸던 풍속화를 보면 서당에서 훈장님에게 회초리로 매 맞는 아이의 모습을 볼 수 있다. 하지만 이 모습이 조선 시대 풍속화 속 이야기만은 아니다. 오늘날에도 집이나 학교에서 교육의 방법으로 체벌❶을 하는 일이 있다. 교육을 위한 것이라 하더라도 체벌은 없어져야 한다.

체벌은 어린이들에게 좋지 않은 버릇만 키워 준다. 어린이들은 매를 맞는 것이 고통스럽기 때문에 단지 매를 맞지 않기 위해 잘못된 행동을 참는다. 매를 맞고 행동을 참는 습관이 있는 사람은 어른이 되어서도 스스로 행동하지 못한다고 한다.

또한 체벌은 또 다른 폭력을 만들어 내기도 한다. 1972년에 개최된 미국 심리학회에서는 어린 나이에 매 맞는 것이 습관처럼 되어 버린 아이들은 어른이 된 뒤 습관적으로 폭력을 쓴다고 경고하였다.

체벌은 어린이들의 좋지 못한 버릇을 고치기 위해 필요한 것이라고 하여 '사랑의 매'라고 불리기도 한다. 하지만 어린이의 잘못을 알려 주고 어린이 스스로 반성할 수 있게 하는 것이 목적이라면 체벌이 아닌 훈육❷과 훈계❸ 등의 방법으로 교육을 해야 한다.

❶ 체벌 : 물리적 도구나 신체의 일부를 이용하여 신체적 고통을 주는 행위

❷ 훈육 : 품성이나 도덕 따위를 가르쳐 기름

❸ 훈계 : 타일러서 잘못이 없도록 주의를 줌

다음은 앞에서 읽은 글의 내용을 한눈에 볼 수 있도록 정리한 글밥지도입니다. 보기 에서 알맞은 말을 골라 빈칸을 채워 보세요. 그리고 글에 알맞은 제목과 문단의 내용을 찾아 선으로 이어 보세요.

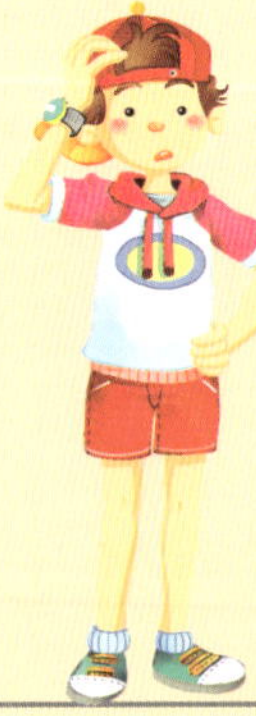

나

글쓴이의 주장은?

중심 소재는 무엇이지?

가

어린이들에게 좋지 않은 버릇을 키워 준다.

다

나쁜 점

제목

글에 어울리는 제목을 골라 연결해 봐!

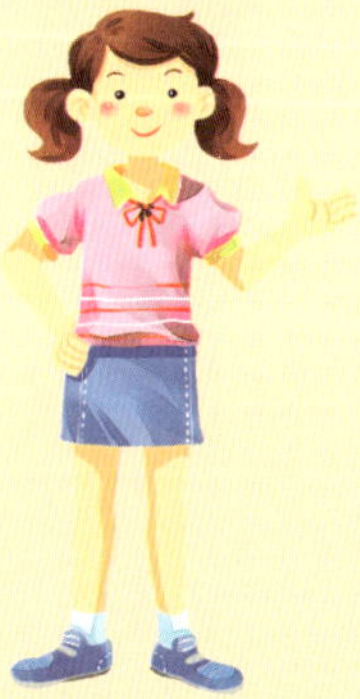

김홍도의 일생

체벌을 반대한다

체벌의 효과

알맞아!

관계없어!

범위가 좁아!

❶ 체벌　　　　❷ 교육　　　　❸ 또 다른 폭력을 만들어 내기도 한다.

❹ 체벌은 없어져야 한다.　　　　❺ 김홍도의 풍속화

❻ 폭력 행위를 만들어 내기 때문에　　　❼ 훈육·훈계 등의 방법　　　❽ 체벌을 허락해야 한다.

하는 까닭은? — 어린이들을 [라]　시키기 위해서

효과는? — 매를 맞지 않기 위해 잘못된 행동을 참는다.

대신할 다른 방법은? — [마]　을 이용한다.

문단

| 1문단 | 2문단 | 3문단 | 4문단 |

체벌은 폭력을 만들어 내기도 한다.

체벌은 없어져야 한다.

체벌은 좋지 않은 버릇만 키워줄 뿐이다.

훈육과 훈계 등으로 교육해야 한다.

1 다음은 글쓴이가 제기한 문제와 주장을 정리한 것입니다. 그 주장을 뒷받침해 줄 수 있는 까닭으로 제시한 것을 골라 ○표 해 보세요.

문제 제기	교육을 한다는 목적으로 집과 학교에서 체벌이 종종 행해지고 있다.	
주장	체벌은 없어져야 한다.	
까닭	① 매를 맞고 행동을 억제하는 습관이 있는 사람은 스스로 행동하지 못하게 되므로 체벌은 좋지 않은 버릇만을 키워 줄 뿐이다.	☐
	② '사랑의 매' 라고 불리기도 하는 체벌은 아이들의 나쁜 버릇을 고쳐 주기도 한다.	☐
	③ 매 맞는 것이 습관처럼 되어 버린 아이들은 어른이 된 뒤에 습관적으로 폭력을 쓰게 된다.	☐

2 다음은 앞의 글을 읽은 친구들의 대화입니다. 이 글을 <u>잘못</u> 이해하고 있는 친구는 누구인가요?

① 글쓴이는 학교나 집에서 행해지는 체벌에 반대하고 있어.

② 체벌은 일시적인 효과가 있지만 더 큰 해로움을 남긴대.

③ 조선 시대에도 서당에서 훈장님이 회초리로 아이들을 때렸으므로 체벌을 해야 한다고 주장하고 있어.

④ 체벌이 아닌 훈육과 훈계 등으로 교육을 하는 것이 좋겠어.

 오늘 읽어 볼 글입니다. 차근차근 잘 읽고, 문제를 풀어 보세요.

때 : 옛날

곳 : 어느 마을

등장인물 : 개, 고양이, 주인

무대 중앙에 주인이 무릎 위의 작은 고양이를 쓰다듬고 있고, 왼쪽에서 개가 들어온다.

주인 : (작은 목소리로) 아이고, 우리 예쁜 고양이.

고양이 : (주인의 손을 핥으며) 야옹!

개 : (불만스러운 목소리로) 주인님께 사랑받는 고양이 녀석이 너무 얄미워. 고양이를 쫓아 버려
　　야겠어.

개는 사납게 짖으며 주인 무릎 위의 고양이를 향해 달려든다.

고양이 : (깜짝 놀라 주인의 무릎에서 뛰어내려 마루 밑으로 들어가며) 야옹!

주인 : (벌떡 일어서며) 아이고 깜짝이야. 멍멍이 너, 저리 가지 못해!

개 : (주인 무릎 위로 뛰어올라 반갑게 꼬리를 흔들며) 주인님, 고양이 녀석은 하는 일도 없이 밥만
　축내지만 저는 밤새 잠도 안 자고 집을 지켜 준답니다.

주인 : (걱정스러운 목소리로) 멍멍아, 고양이가 있어서 우리 집엔 쥐들이 얼씬거리지 않는다는
　　걸 왜 모르니?

개 : (다 죽어 가는 목소리로) 하지만……

주인 : (개를 문밖으로 떠밀며) 자기 공만 내세우고 친
　　구를 존중할 줄 모르는 어리석은 동물은 우리
　　집에 둘 수 없으니 당장 나가거라.

글밥지도 그리기

다음은 앞에서 읽은 글의 내용을 한눈에 볼 수 있도록 정리한 글밥지도입니다. 보기 에서 알맞은 말을 골라 빈칸을 채워 보세요. 그리고 알맞은 제목과 이야기의 순서를 찾아 선으로 이어 보세요.

나

다

개, 고양이, 주인

때

곳

등장 인물

해설❶

무엇을 하기 위해 쓴 글이지?

가

글에 어울리는 제목을 골라 연결해 봐!

제목

사랑받는 고양이

개와 고양이

돼지와 개

알맞아!

관계없어!

범위가 좁아!

❶ **해설** : 글의 첫머리에서 때와 장소, 등장인물 등을 제시함

보기

① 옛날   ② 연극   ③ 어느 마을   ④ 행동

⑤ 순서와 방향   ⑥ 개는 사납게 짖으며 주인 무릎 위의 고양이를 향해 달려든다.

⑦ 자기 공만 내세우고 친구를 존중할 줄 모른다.   ⑧ 걱정스러운 목소리로

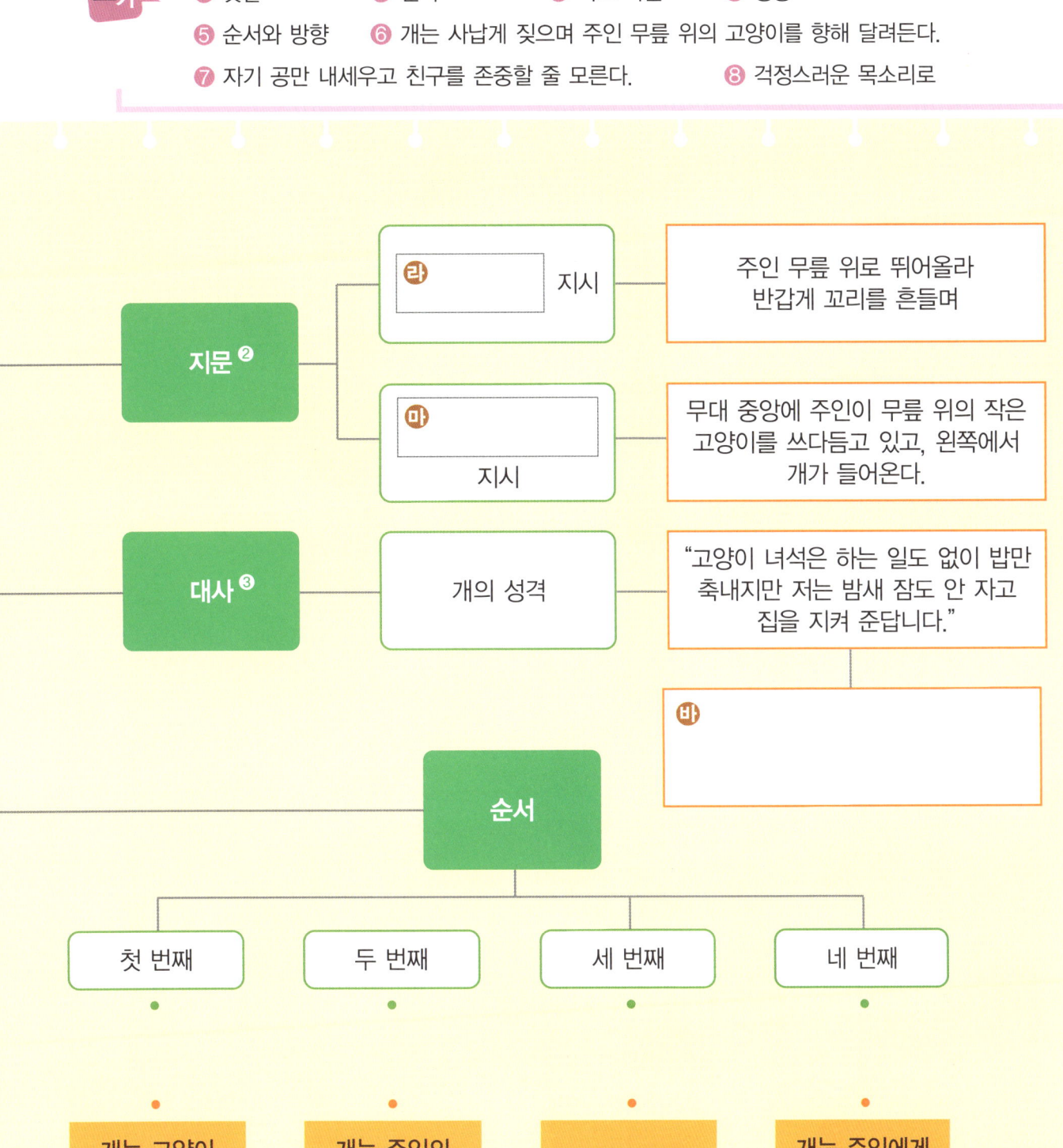

지문❷

라 ___ 지시 — 주인 무릎 위로 뛰어올라 반갑게 꼬리를 흔들며

마 지시 — 무대 중앙에 주인이 무릎 위의 작은 고양이를 쓰다듬고 있고, 왼쪽에서 개가 들어온다.

대사❸ — 개의 성격 — "고양이 녀석은 하는 일도 없이 밥만 축내지만 저는 밤새 잠도 안 자고 집을 지켜 준답니다."

바 ___

순서

첫 번째 — 개는 고양이에게 사납게 달려든다.

두 번째 — 개는 주인의 사랑을 받는 고양이를 미워한다.

세 번째 — 개는 주인에게 쫓겨난다.

네 번째 — 개는 주인에게 자기 공을 내세운다.

❷ **지문(지시문)** : 글의 중간 중간 인물의 행동, 표정, 심리, 말투, 순서와 방향 등을 지시함

❸ **대사** : 등장인물들이 하는 말

1 다음은 이야기의 중요한 장면입니다. 대사에 어울리는 목소리로 가장 알맞은 것을 골라 ○표 해 보세요.

> 주인님,
> 고양이 녀석은 하는 일도 없이 밥만 축내지만 저는 밤새 잠도 안 자고 집을 지켜 준답니다.

| 풀이 죽은 목소리로 | ☐ | 슬픈 목소리로 | ☐ | 아부하는 목소리로 | ☐ | 깜짝 놀란 목소리로 | ☐ |

2 다음은 앞의 글을 읽은 친구들의 대화입니다. 이 글을 <u>잘못</u> 이해하고 있는 친구는 누구인가요?

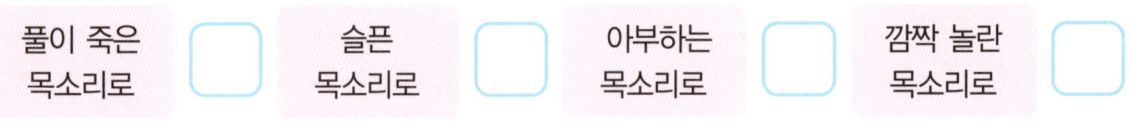

① 주인은 이유 없이 개를 미워하고 구박했어.

② 개는 친구를 존중할 줄 모르고 자기 공만 내세우고 있어.

③ 고양이 덕에 이 집에는 쥐가 얼씬도 하지 못했대.

④ 개는 고양이를 쫓아내려다가 결국 쫓겨나는 꼴이 되고 말아.

 오늘 읽어 볼 글입니다. 차근차근 잘 읽고 문제를 풀어 보세요.

존경하는 학부모님께

무더웠던 여름이 물러가고 어느덧, 고추잠자리가 높고 푸른 하늘을 맴도는 가을이 왔습니다. 계절이 바뀌는 동안 우리 ○○ 초등학교 어린이들의 몸과 마음도 쑥쑥 자라났습니다.

○○ 초등학교 어린이 모두가 학부모님들을 모시고 가을 학예회를 열고자 합니다. 발레와 합창, 태권도 등 틈틈이 익혀 온 우리들의 솜씨를 보여 드리게 되어 마음이 무척 설레고 기쁩니다.

열심히 준비하였으니 바쁘시더라도 꼭 오셔서 많은 격려와 사랑을 보내 주시면 고맙겠습니다.

때 : 20○○년 10월 24일 오전 10시
곳 : ○○ 초등학교 체육관

20○○년 ○○월 ○○일
○○ 초등학교 전교 어린이 회장 송영희

 **글밥지도 그리기**

다음은 앞에서 읽은 글의 내용을 한눈에 볼 수 있도록 정리한 글밥지도입니다. 보기 에서 알맞은 말을 골라 빈칸을 채워 보세요. 그리고 글에 알맞은 제목과 글의 짜임을 찾아 선으로 이어 보세요.

나

20○○년 10월 24일 오전 10시

다

라

보내는 사람

때

곳

받는 사람

어디에 초대하는 글이지?

가

제목

운동회에 오세요

학예회에 초대합니다

초대의 글

글에 어울리는 제목을 골라 연결해 봐!

알맞아!

관계없어!

범위가 넓어!

보기

① 학부모님　② ○○ 초등학교 체육관　③ 가을 학예회

④ ○○ 초등학교 전교 어린이 회장 송영희　⑤ ○○ 초등학교 교장 선생님

⑥ 가을 운동회　⑦ 우리들의 솜씨　⑧ 학부모님들을 모시고 학예회를 열고자 합니다.

초대하는 말

마

초대하는 까닭

바 를
보여 주기 위하여

바라는 점

많은 격려와 사랑

짜임

처음

가운데

끝

초대하는 말과
초대하는 까닭

때와 곳,
쓴 날짜와
쓴 사람

받을 사람과
인사말

1 다음은 초대하는 글을 쓰려고 할 때 살펴보아야 할 점입니다. 알맞은 것을 골라 모두 ○표 해 보세요.

초대하는 글을 쓸 때 살펴보아야 할 점
① 제목과 받을 사람, 초대하는 말과 초대하는 까닭, 때와 곳, 쓴 날짜와 쓴 사람을 모두 썼는지 살펴봅니다. ☐
② 초대하는 내용이 잘 드러나 있는지 살펴보고, 예의 바른 말로 썼는지 살펴봅니다. ☐
③ 맞춤법이 맞는지 뜻이 잘 통하는 문장을 썼는지 살펴봅니다. ☐
④ 친구에게 쓸 때는 예의 바른 말을 사용했는지 살펴보지 않아도 됩니다. ☐

초대받은 사람의 입장이 되어 어떤 초대장을 받고 싶은지 생각해 보면 더 쉬워!

2 다음은 앞의 글을 읽은 친구들의 대화입니다. 이 글을 <u>잘못</u> 이해하고 있는 친구는 누구인가요?

① 이 글은 가을 운동회에 부모님을 초대하기 위해 쓴 글이야.

② 초대하는 글에 들어가야 할 내용을 빠짐없이 잘 썼어.

③  ○○ 초등학교 체육관에서 학부모님을 모시고 학예회를 열려고 하고 있어.

④  초대하는 까닭도 잘 드러나 있고, 높임말을 사용하여 예의 바르게 잘 썼어.

 오늘 읽어 볼 글입니다. 차근차근 잘 읽고, 문제를 풀어 보세요.

　우리 아파트 앞에 찔레꽃이 있는데 예쁘고 향기도 좋아서 꽃 전설에 대한 궁금증이 생겼다. 그래서 도서관에서 〈찔레꽃 전설〉을 찾아 읽었다.

　이 이야기는 고려 시대 때 이야기이다. 깊은 산골 마을에 언니 찔레와 동생인 달래, 그리고 아버지가 나물과 약초를 뜯으며 살고 있었다. 어느 날, 찔레는 약초를 캐러 산에 갔다가 벼슬아치에게 잡혀 강제로 원나라로 끌려갔다. 고려 시대에는 예쁜 처녀를 원나라에 바쳐야 했는데, 고려가 원나라의 지배를 받고 있었기 때문이다. 다행히 찔레는 원나라에서 좋은 주인을 만났지만 동생 달래와 아버지 걱정에 몸도 마음도 약해져 갔다. 10년이 지난 뒤 고향에 돌아온 찔레는 잡초만 가득한 빈집을 보고, 달래와 아버지를 찾아 산속을 헤맨다. 찔레는 달래와 아버지를 찾지 못하고 지쳐 쓰러졌는데 그 위로 하얀 눈이 내렸다. 봄이 되자, 찔레가 동생을 찾아 헤매던 골짜기마다 하얀 꽃이 가득 피어났다. 사람들은 그 꽃을 보고 찔레의 영혼이 피어난 것이라 생각하여 '찔레'라고 불렀다.

　이 책에서 가장 인상 깊었던 장면은 산속을 헤매다가 지쳐 쓰러진 찔레 위로 하얀 눈이 내리는 장면이다. 가슴이 시리도록 너무 슬퍼 펑펑 울었다.

　힘없는 나라의 백성으로서 온갖 고통을 겪었을 고려 사람들을 생각하니 원나라 사람들이 원망스럽게 느껴졌다. 그리고 다른 나라의 지배를 받는 것이 얼마나 무서운 일인가를 깨달았다.

　하얗고 예쁜 찔레꽃을 좋아하거나 슬프고 아름다운 이야기를 읽고 싶은 친구들은 〈찔레꽃 전설〉을 꼭 읽어 보기 바란다.

 **글밥지도 그리기**

다음은 앞에서 읽은 글의 내용을 한눈에 볼 수 있도록 정리한 글밥지도입니다. **보기** 에서 알맞은 말을 골라 빈칸을 채워 보세요. 그리고 글에 알맞은 제목을 찾아 선으로 이어 보세요.

나

읽은 책의 제목이 뭐였지?

읽게 된 동기는?

가

| 고려 시대 | 때 |

| 깊은 산골 마을 | 곳 |

배경은?

제목

글에 어울리는 제목을 골라 연결해 봐!

독서 감상문

〈찔레꽃 전설〉을 읽고

달래 꽃 전설

알맞아!

관계없어!

범위가 넓어!

보기

① 찔레   ② 달래   ③ 찔레꽃 전설

④ 달래와 아버지   ⑤ 꽃 전설이 궁금해서   ⑥ 하얀 눈

⑦ 원나라 사람들   ⑧ 책을 선물 받아서

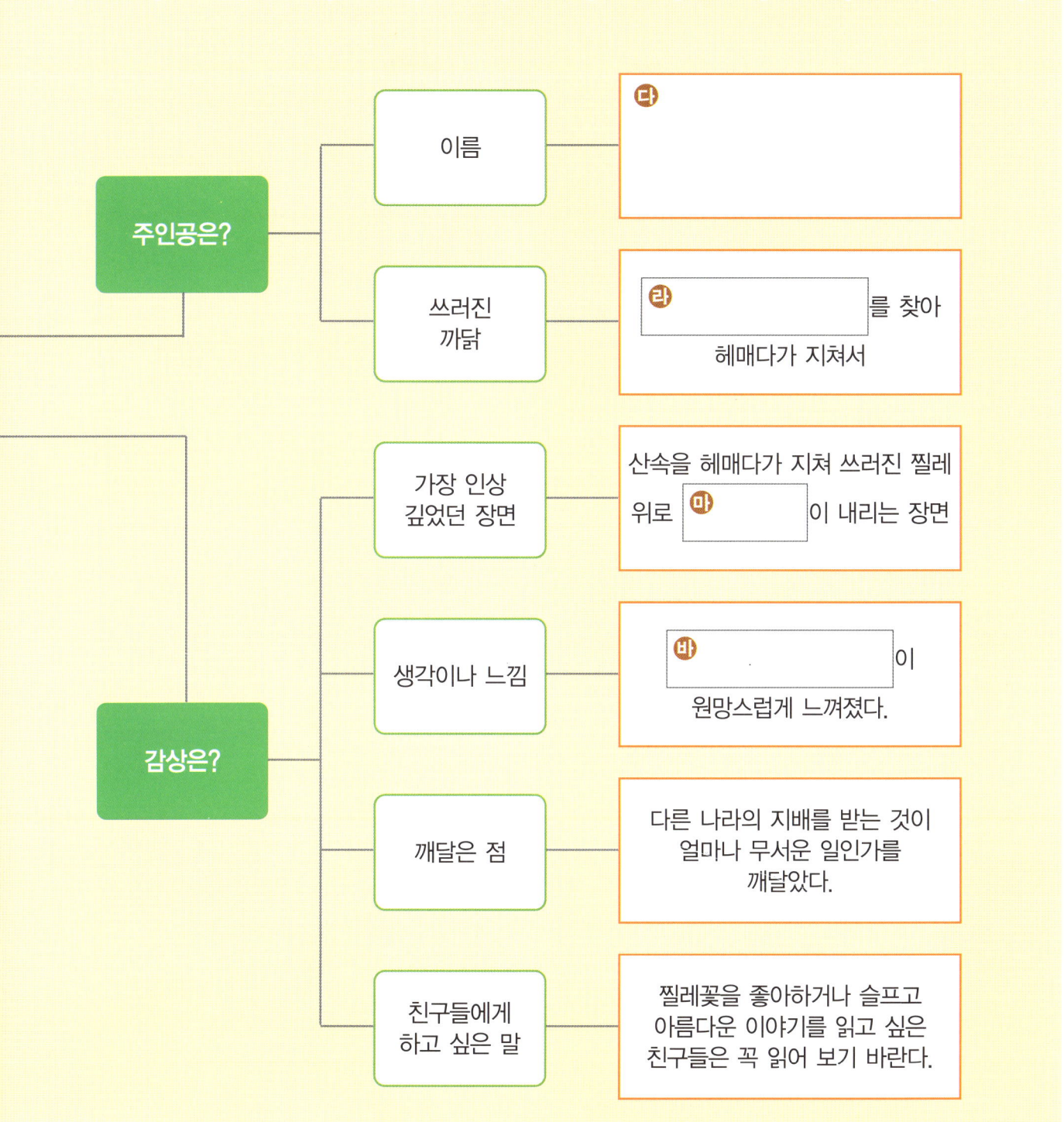

주인공은?

- 이름 → **다**

- 쓰러진 까닭 → **라** 를 찾아 헤매다가 지쳐서

감상은?

- 가장 인상 깊었던 장면 → 산속을 헤매다가 지쳐 쓰러진 찔레 위로 **마** 이 내리는 장면

- 생각이나 느낌 → **바** 이 원망스럽게 느껴졌다.

- 깨달은 점 → 다른 나라의 지배를 받는 것이 얼마나 무서운 일인가를 깨달았다.

- 친구들에게 하고 싶은 말 → 찔레꽃을 좋아하거나 슬프고 아름다운 이야기를 읽고 싶은 친구들은 꼭 읽어 보기 바란다.

1 다음은 앞에서 읽은 글의 중요한 장면입니다. 다음 그림을 보고, 떠오르는 낱말로 알맞지 <u>않은</u> 것을 골라 ∨표 해 보세요.

| 슬프다. ☐ | 안타깝다. ☐ | 애달프다. ☐ | 통쾌하다. ☐ |

2 다음은 앞의 글을 읽은 친구들의 대화입니다. 이 글을 <u>잘못</u> 이해하고 있는 친구는 누구인가요?

① 책 제목과 주인공 이름, 줄거리와 생각이나 느낌 등을 잘 정리해서 썼어.

② 이 글의 주인공인 찔레는 돈을 벌기 위해 원나라로 가는 길을 선택했어.

③ 우리의 슬픈 역사와 꽃 전설을 연결해서 감상문을 썼어.

④ 나도 찔레꽃을 좋아하는데 꼭 이 책을 읽어 보고 싶어.

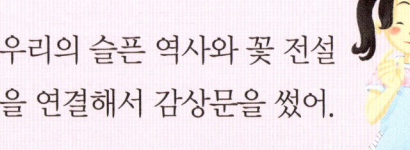

오늘 읽어 볼 글입니다. 차근차근 잘 읽고, 문제를 풀어 보세요.

삽살개는 오래전부터 우리나라 동남부 지역에 널리 퍼져 살던 우리 고유의 개 가운데 하나입니다. '액운①이나 사람을 해치는 귀신을 쫓아내는 개'란 뜻으로 삽살개라고 불렸고, 행운을 가져다주는 개로 여겨져 선물로 주고받을 뿐, 돈을 주고 사거나 팔지 않았다고 합니다. 원래 신라 시대부터 주로 귀족 사회에서 길러져 오다가 고려 시대부터는 널리 퍼져 남부 지방의 일반 백성들의 집에서도 길러졌습니다.

삽살개는 온몸이 긴 털로 덮여 있으며 눈은 털에 가려서 보이지 않습니다. 진돗개의 귀가 뾰족하게 서 있는 데 반해 삽살개의 귀는 누웠으며 주둥이도 진돗개보다 뭉툭합니다. 또, 진돗개의 꼬리는 왼쪽으로 말려 있는데 삽살개의 꼬리는 들려 올라가 있습니다.

삽살개의 성격은 사람을 좀처럼 물지 않고, 온순하지만, 경계심②이 강하고 눈치가 빠릅니다. 또, 일단 싸움이 붙으면 무섭게 싸우는 용감한 면도 있으며, 주인에게 충성스러운 개로 잘 알려져 있습니다.

일제 강점기에는 그 수가 급격히 줄어 사라질 위기에까지 이르렀으나 1960년대 말부터 삽살개가 보존되기 시작하였고, 특히 경산③ 삽살개는 천연기념물 제368호로 지정되어 보호받고 있습니다.

① **액운** : 모질고 사나운 일을 당할 운수

② **경계심** : 경계하여 조심하는 마음

③ **경산** : 경상북도 중앙부에 있는 시

글밥지도 그리기

다음은 앞에서 읽은 글의 내용을 한눈에 볼 수 있도록 정리한 글밥지도입니다. 보기 에서 알맞은 말을 골라 빈칸을 채워 보세요. 그리고 글에 알맞은 제목과 문단의 내용을 찾아 선으로 이어 보세요.

나

다

이름의 의미는?

길러지기 시작한 때는?

무엇에 대한 글이지?

가

온몸이 긴 털로 덮여 있다.

라

생김새는?

꼬리는 들려 올라가 있다.

글에 어울리는 제목을 골라 연결해 봐!

제목

한국의 토종 개

삽살개

삽살개를 기르는 방법

알맞아!

관계없어!

범위가 넓어!

보기
① 삽살개
② 귀는 누웠으며 주둥이는 뭉툭하다.
③ 신라 시대부터
④ 액운이나 사람을 해치는 귀신을 쫓아내는 개
⑤ 귀가 뾰족하게 서 있다.
⑥ 멸종 위기 동물
⑦ 경계심
⑧ 천연기념물 제368호

성격은?

사람을 좀처럼 물지 않고, 온순하다.

마 [   ]이 강하고 눈치가 빠르다.

무섭게 싸우는 용감한 면도 있고 주인에게 충성스럽다.

보호 방법은?

바 [   ]로 지정하여 보호하고 있다.

문단

| 1문단 | 2문단 | 3문단 | 4문단 |

삽살개의 보존과 보호

삽살개의 뜻과 유래

삽살개의 생김새

삽살개의 성격

1 앞에서 읽은 글에서 글쓴이는 진돗개와 삽살개의 차이점에 대해 설명하고 있습니다. 삽살개의 특징에 해당하는 설명에 ○표 해 보세요.

삽살개의 특징	
① 온몸이 긴 털로 덮여 있으며 눈은 털에 가려서 보이지 않는다.	☐
② 귀가 뾰족하게 서 있고 주둥이도 뾰족하다.	☐
③ 귀가 뾰족하게 서 있고 주둥이는 뭉툭하다.	☐
④ 꼬리는 왼쪽으로 말려 있다.	☐
⑤ 꼬리는 들려 올라가 있다.	☐

2 다음은 앞의 글을 읽은 친구들의 대화입니다. 이 글을 <u>잘못</u> 이해하고 있는 친구는 누구인가요?

① 이 글의 중심 소재인 삽살개는 주인에 대한 충성심이 약하대.

② 삽살개는 신라 시대 때부터 우리나라에서 길러진 토종개야.

③ 일제 강점기 때는 삽살개가 사라질 위기에 놓이기도 했어.

④ 우리 조상들은 삽살개가 액운이나 나쁜 귀신을 쫓고 행운을 가져다준다고 믿었어.

 오늘 읽어 볼 글입니다. 차근차근 잘 읽고, 문제를 풀어 보세요.

20○○년 ○○월 ○○일   날씨 : 맑음

　수업이 모두 끝난 뒤, 나, 향금, 준호, 석문, 유진이가 남아 교실 청소를 했다. 1학년 때는 언니, 오빠들이 와서 우리 교실 청소를 해 주었다. 2학년 때는 엄마들이 와서 청소를 해 주실 때도 있었다. 하지만 이제 우리도 스스로 청소를 할 수 있을 만큼 자랐기 때문에 우리들이 매일 돌아가며 교실 청소를 한다.

　우리 반은 하루에 4명씩 돌아가며 청소를 하는데, 오늘은 어제 청소 당번이었던 유진이도 함께 청소를 했다. 청소 시간에 몰래 도망을 가서 청소를 두 번 해야하기 때문이다.

　청소를 할 때에는 먼저 교실 바닥을 빗자루로 쓸고, 모인 쓰레기를 쓰레받기에 받아서 버린다. 그리고 대걸레로 바닥을 닦은 다음 손걸레로 책상, 사물함, 창틀 등을 닦는다. 책상 위도 쓱싹, 사물함도 쓱싹, 창가도 쓱싹, 선생님 책상 위도 깨끗이 쓱싹. 마지막으로 다 쓴 걸레를 깨끗이 빨아서 물기를 꼭 짠 다음 햇빛이 비치는 창가에 널어놓으면 청소가 끝난다.

　빗자루, 쓰레받기, 대걸레, 손걸레 청소 4종 세트만 있으면 우리 교실은 반짝반짝 빛이 난다. 나는 하기 전에는 귀찮고, 할 때에는 힘들지만, 다 하고 나면 기분이 좋아지는 청소가 참 좋다.

　다음 청소 시간에는 나도 유진이처럼 몰래 도망을 갈까? 그럼 청소를 두 번이나 할 수 있으니까 말이다.

다음은 앞에서 읽은 글의 내용을 한눈에 볼 수 있도록 정리한 글밥지도입니다. 보기 에서 알맞은 말을 골라 빈칸을 채워 보세요. 그리고 글에 알맞은 제목과 청소를 할 때 글쓴이의 마음의 변화를 찾아 선으로 이어 보세요.

20○○년 ○○월 ○○일

언제 있었던 일이지?

오늘 글쓴이는 무슨 일을 했지?

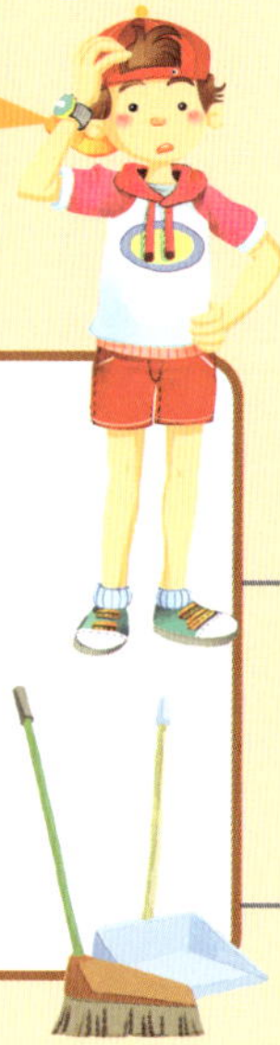

나

누구와 했지?

가

빗자루

쓰레받기

청소 4종 세트는?

다

손걸레

제목

즐거운 청소 시간

화장실 청소하는 법

손걸레질 하는 법

알맞아!

관계없어!

범위가 좁아!

보기

1 손걸레질 하기　　2 언니, 오빠들　　3 청소 4종 세트

4 걸레 빨아서 널기　　5 향금, 준호, 석문, 유진　　6 봉사 활동

7 대걸레　　8 교실 청소

청소하는
순서는?

첫 번째 ── 교실 바닥 쓸기

두 번째 ── 대걸레로 바닥 닦기

세 번째 ── **라**

네 번째 ── **마**

마음의 변화

청소를 하기 전　　청소를 할 때　　청소를 끝낸 후

힘이 든다.　　귀찮다.　　기분이 좋아진다.

청소를 하기 전과 하는 중, 끝낸 후 글쓴이의 마음은 어떻게 변했지?

1 다음은 앞에서 읽은 글의 중요한 장면입니다. 이 장면에서 글쓴이가 느꼈을 느낌으로 알맞지 <u>않은</u> 것을 골라 ∨표 해 보세요.

깨끗하다.		상쾌하다.		찝찝하다.		개운하다.	

2 다음은 앞의 글을 읽은 친구들의 대화입니다. 이 글을 <u>잘못</u> 이해하고 있는 친구는 누구인가요?

① 청소를 안 하고 도망간 아이는 벌 청소를 해야 하나 봐.

② 어린 나이임에도 즐거운 마음으로 청소하는 아이가 정말 기특해.

③ '도망갈까?' 라는 생각을 하는 걸 보니 일기를 쓴 아이는 책임감이 없는 게 분명해.

④ '쓱싹' 이라는 말이 되풀이되어서 청소하는 흥겨움이 더 잘 느껴지는 것 같아.

꼼꼼히 집중하여 읽기

글의 갈래	설명하는 글
걸린 시간	분 초

 오늘 읽어 볼 글입니다. 차근차근 잘 읽고, 문제를 풀어 보세요.

우리의 뇌는 두 부분으로 나뉘어져 있습니다. 흔히 뇌의 왼쪽을 '좌뇌', 뇌의 오른쪽을 '우뇌'라고 부르는데, 두 뇌가 맡은 역할은 각각 다릅니다.

먼저 좌뇌는 언어, 숫자 계산, 암기, 복잡한 상황에 대한 분석 등 말을 하거나 계산하는 등 논리적으로 생각하는 기능을 담당합니다. 이에 반해 우뇌는 음악을 듣거나, 그림을 보는 등 어떤 이미지를 떠올리는 일을 합니다. 즉, 음악, 색채, 이미지 등의 감상과 상상력과 창의력을 담당하는 것입니다.

좌뇌와 우뇌는 함께 쓰는 것이 좋습니다. 하지만 좌뇌보다 우뇌가 기억력의 크기가 훨씬 더 크기 때문에 우뇌를 꾸준히 자극해 주면 대뇌 발달에도 도움이 되고 사고력과 창의력을 키우는 데 큰 도움이 됩니다. 또한 우뇌가 발달하면 한번도 경험하지 않았던 것도 직감으로 해결할 수 있는 능력이 길러진다고 하니 우뇌를 자극해 주는 것이 좋습니다.

우뇌를 자극하는 방법에는 새 소리, 물소리, 들판의 모습 등 자연의 모습을 보고 들으며 오감[1]을 키우는 방법이 있습니다. 또한 다양한 책을 많이 읽고, 그림을 그리거나 악기를 연주하는 등 손을 많이 쓰는 놀이와 훈련을 하는 것도 우뇌 발달에 도움이 됩니다.

❶ **오감** : 눈으로 보고, 귀로 듣고, 코로 냄새를 맡고, 혀로 맛을 보고, 피부로 만지는 것을 통해 느끼는 다섯 가지 감각

 글밥지도 그리기

다음은 앞에서 읽은 글의 내용을 한눈에 볼 수 있도록 정리한 글밥지도입니다. 보기 에서 알맞은 말을 골라 빈칸을 채워 보세요. 그리고 글에 알맞은 제목을 찾아 선으로 이어 보세요.

중심 소재는 무엇이지?

나 [   ]

숫자 계산

암기

복잡한 상황 분석

좌뇌의 역할은?

음악, 색채, 이미지 등의 감상

다 [   ]

우뇌의 역할은?

가 [   ]

제목

좌뇌의 역할

좌뇌와 우뇌

인간과 동물 뇌의 차이점

알맞아!

관계없어!

범위가 좁아!

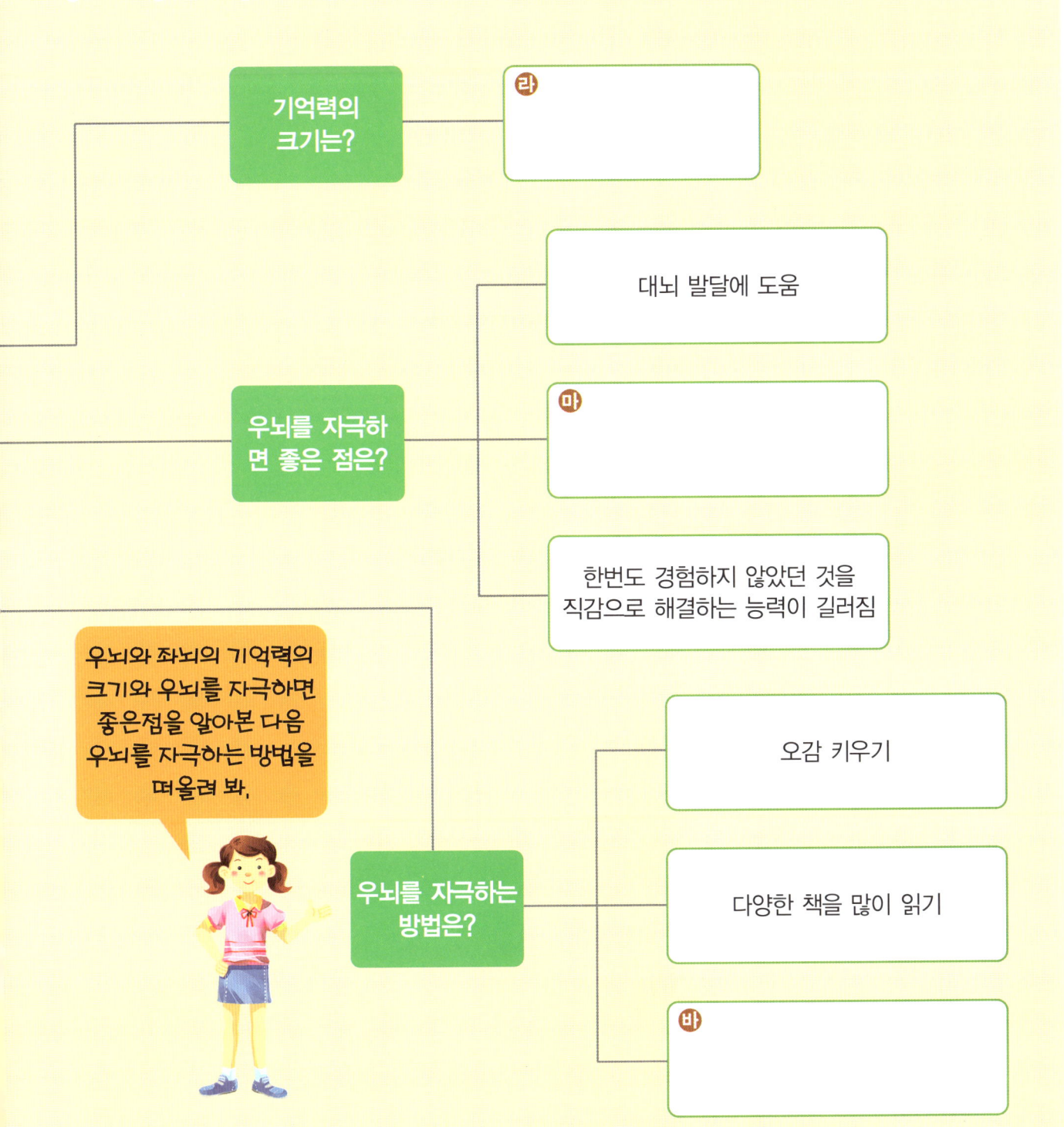

기억력의 크기는?

라

대뇌 발달에 도움

우뇌를 자극하면 좋은 점은?

마

한번도 경험하지 않았던 것을 직감으로 해결하는 능력이 길러짐

우뇌와 좌뇌의 기억력의 크기와 우뇌를 자극하면 좋은점을 알아본 다음 우뇌를 자극하는 방법을 떠올려 봐,

오감 키우기

우뇌를 자극하는 방법은?

다양한 책을 많이 읽기

바

1 다음은 좌뇌와 우뇌가 활용되는 경우를 정리한 것입니다. 앞에서 읽은 글의 내용을 바탕으로 좌뇌와 관련 있는 항목에는 '좌'를, 우뇌와 관련 있는 항목에는 '우'를 써 보세요.

좌뇌와 우뇌의 활용
① 이름을 기억하고 많은 단어를 사용하여 대화하기 □
② 아름다운 그림 감상하기 □
③ 직감적으로 문제 해결하기 □
④ 꼼꼼하게 수학 문제 풀기 □

> 좌뇌와 우뇌가 담당하는 기능을 생각해 봐.

2 다음은 앞의 글을 읽은 친구들의 대화입니다. 이 글을 <u>잘못</u> 이해하고 있는 친구는 누구인가요?

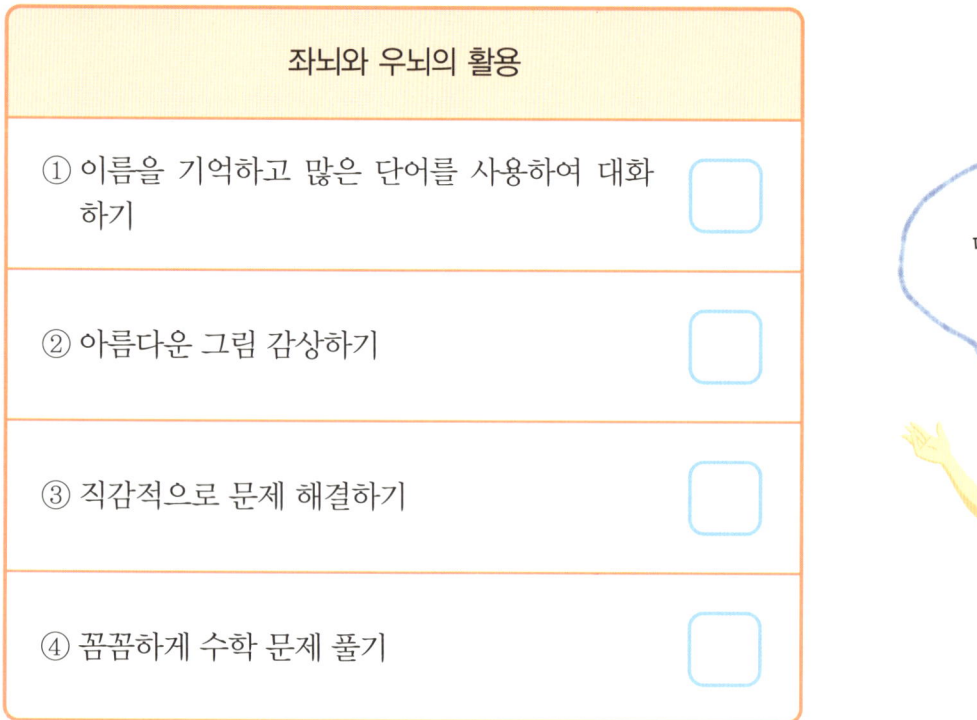

① 음악가나 미술가 등 예술가들은 우뇌가 더 많이 발달되어 있겠어.

② 우뇌가 더 많은 기억력을 담을 수 있다고 하니 우뇌를 꾸준히 자극해 주면 좋겠어.

③ 상상력과 창의력을 발달시키려면 우뇌를 자극하는 것이 좋아.

④ 직감적으로 사건을 해결하는 명탐정 코난은 좌뇌를 잘 활용하는 것 같아.

오늘 읽어 볼 글입니다. 차근차근 잘 읽고, 문제를 풀어 보세요.

아주 먼 옛날, 돌쇠와 멍군이라는 두 친구가 함께 여행을 떠나기로 했어요. 두 사람은 힘을 합해 노를 저어 강을 건너고, 계곡을 지났어요. 그리고 경사가 가파른 산을 오르기도 했어요. 두 사람은 함께 있다면 못할 일도, 두려운 일도 없었지요.

어느 날, 그들은 나무가 우거진 숲에 이르렀어요. 그런데 숲 저쪽에서 이상한 소리와 함께 커다란 그림자가 나타났어요.

"앗! 곰이다!"

두 사람은 너무 놀라 어쩔 줄 몰라 했어요. 그러다가 먼저 곰을 본 돌쇠가 나무 위로 재빠르게 올라갔어요. 돌쇠는 원래 산을 자주 다니던 사람이라 나무 타기를 잘했어요. 그러나 멍군이는 어떻게 해야 할지를 몰라 버둥대다가 그냥 땅바닥에 누워 버렸어요. 나무 위에 있는 돌쇠는 자신은 안전하다는 생각이 들어 마음을 놓았어요. 바닥에 누운 멍군이는 일부러 죽은 시늉을 했어요. 곰이 죽은 것은 먹지 않는다는 이야기를 들었기 때문이에요.

곰은 죽은 듯 누워 있는 멍군이 곁으로 다가와 냄새를 맡고 발로 툭툭 건드리더니 귀에 대고 몇 마디 속삭이고는 다른 곳으로 떠났어요.

나무 위로 올라갔던 돌쇠가 내려와서는 다급히 물었어요.

"이보게, 친구! 하마터면 큰일 날 뻔했네 그려. 아무튼 천만다행일세. 그런데 곰이 자네한테 뭐라고 속삭이는 것 같던데 대체 뭐라고 하던가?"

"곰이 이렇게 말하더군. 자기 혼자만 살겠다고 도망가는 사람하고는 친구 하지 말라고 말이야."

두 사람은 그 길로 헤어져 각자의 길을 떠났어요.

글밥지도 그리기

다음은 앞에서 읽은 글의 내용을 한눈에 볼 수 있도록 정리한 글밥지도입니다. 보기 에서 알맞은 말을 골라 빈칸을 채워 보세요. 그리고 글에 알맞은 제목과 이야기의 순서를 찾아 선으로 이어 보세요.

아주 먼 옛날 — 때

나무가 우거진 숲 — 곳

배경

중심인물은 누구누구지?

가

나

돌쇠

다

멍군

곰이 나타났을 때 행동은?

제목

글에 어울리는 제목을 골라 연결해 봐!

곰을 피하는 방법

곰과 두 친구

두 친구의 여행

알맞아!

관계없어!

범위가 좁아!

114

보기

① 돌쇠, 멍군　　　　② 멍군　　　　③ 돌쇠

④ 바닥에 누워 죽은 시늉을 했다.　　　　⑤ 곰과 이야기를 나누었다.

⑥ 지혜롭다.　　　　⑦ 나무 위로 올라갔다.　　　　⑧ 이기적이다.

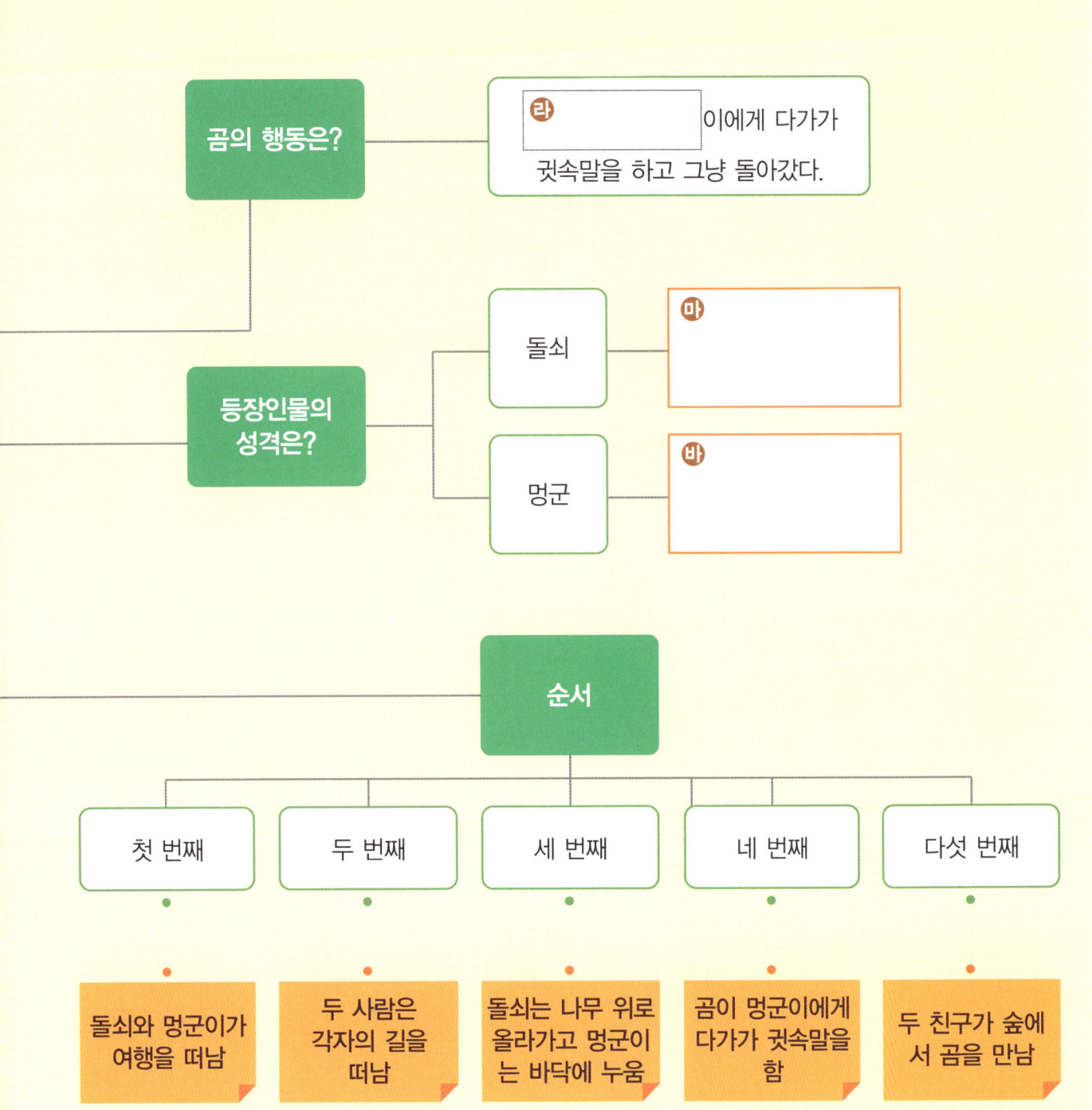

곰의 행동은?

라 이에게 다가가 귓속말을 하고 그냥 돌아갔다.

등장인물의 성격은?

돌쇠 ─ **마**

멍군 ─ **바**

순서

첫 번째	두 번째	세 번째	네 번째	다섯 번째
돌쇠와 멍군이가 여행을 떠남	두 사람은 각자의 길을 떠남	돌쇠는 나무 위로 올라가고 멍군이는 바닥에 누움	곰이 멍군이에게 다가가 귓속말을 함	두 친구가 숲에서 곰을 만남

1 친구들이 멍군이라면 혼자 나무 위에 올라간 돌쇠에게 어떤 말을 하였을지 말 풍선 안에 써 보세요.

혼자만 살겠다고 나무 위로 도망치다니 정말 비겁해!

2 다음은 앞의 글을 읽은 친구들의 대화입니다. 이 글을 <u>잘못</u> 이해하고 있는 친구는 누구인가요?

① 나에겐 과연 진정한 친구가 몇 명이나 될지 생각해 보게 하는 이야기야.

② 돌쇠는 말로는 친하다고 하면서 어려운 일이 닥치면 자기만 생각하는 친구야.

③ 멍군이는 돌쇠가 혼자 나무 위로 올라가자 황당하고 두려웠을 거야.

④ 아무리 친구의 우정이 소중하지만, 자기 목숨과는 바꿀 수 없는 거야.

오늘 읽어 볼 글입니다. 차근차근 잘 읽고, 문제를 풀어 보세요.

김연아, 피겨 여왕에 등극
동계 올림픽 피겨 스케이팅 여자 싱글 금메달 차지

피겨 요정 김연아가 26일 캐나다 밴쿠버 퍼시픽 콜리세움에서 열린 밴쿠버 동계 올림픽 피겨 여자 싱글 프리 스케이팅에서 세계 최고 점수인 150.06점을 받아 지난 24일 쇼트 프로그램에서 받은 78.50점을 더해 총점 228.56점을 기록하여 세계 신기록으로 금메달을 차지했다.

푸른색 아름다운 드레스를 입고 출전한 김연아는 배경 음악인 조지 거쉰의 '피아노 협주곡 바장조'의 선율에 맞춰 7번의 점프를 깔끔하게 성공시키며 우아한 연기를 선보였다.

김연아는 이번 동계 올림픽에서 쇼트 프로그램과 프리 스케이팅, 그리고 합계 점수에서 모두 세계 신기록을 이루는 새 역사를 기록하며 피겨 여왕에 등극했다.

김연아는 금메달이 정해진 뒤 인터뷰에서 "올림픽이라는 큰 무대에서 꿈을 이루게 돼 기쁘고, 준비한 것을 다 보여 드려 더 기쁘다."고 소감을 밝혔다.

한편 김연아 다음으로 연기를 펼친 아사다 마오는 131.72점을 받아 쇼트 프로그램 73.78점을 합쳐 205.50점을 받아 은메달, 조애니 로셰트는 202.64점을 얻어 동메달을 목에 걸었다.

〈○○ 스포츠〉 김달려 기자

글밥지도 그리기

다음은 앞에서 읽은 글의 내용을 한눈에 볼 수 있도록 정리한 글밥지도입니다. 보기 에서 알맞은 말을 골라 빈칸을 채워 보세요. 그리고 기사문의 본문 내용을 찾아 선 으로 이어 보세요.

나

큰 제목

작은 제목

다

제목

이 글은 어디서 볼 수 있지?

가

기사의 내용

경기 내용	경기 결과	인터뷰	대회 결과

아사다 마오가 은메 달, 조애니 로셰트가 동메달을 차지함

7번의 점프를 성공 시키며 우아한 연기 를 선보임

김연아가 세계 신기 록을 달성함

올림픽에서 준비한 것을 다 보여 주어서 기쁨

육하원칙으로 요약하면?

누가	김연아가
언제	26일
어디서	**라** ＿＿＿＿에서
무엇을	**마**
어떻게	세계 신기록으로 차지했다.
왜	**바**

신문 기사에는 '누가, 언제, 어디서, 무엇을, 어떻게, 왜' 즉 육하원칙에 해당하는 내용이 담겨 있어야 해.

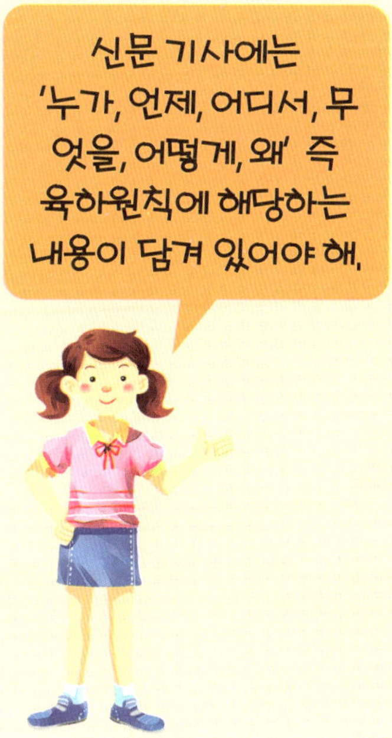

1 다음은 앞에서 살펴 본 기사문을 통해 알 수 있는 정보들을 정리한 것입니다. **잘못** 정리된 내용을 골라 ∨표 해 보세요.

기사문을 통해 알 수 있는 정보	
① 김연아는 세계 신기록을 세우며 금메달을 차지했다.	☐
② 김연아는 조지 거쉰의 '피아노 협주곡 바장조'에 맞추어 연기했다.	☐
③ 동계 올림픽은 캐나다 밴쿠버에서 열렸다.	☐
④ 김연아는 더 높은 점수를 받을 수 있었다며 아쉬워했다.	☐
⑤ 은메달은 조애니 로셰트, 동메달은 아사다 마오 선수가 차지했다.	☐

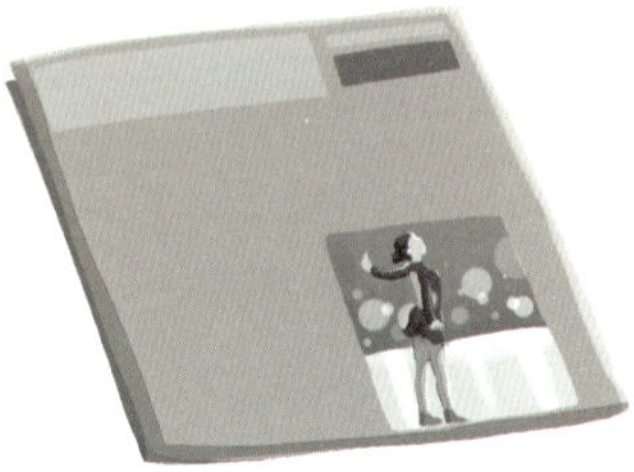

2 다음은 앞의 글을 읽은 친구들의 대화입니다. 이 글을 **잘못** 이해하고 있는 친구는 누구인가요?

① 금메달을 딴 김연아 선수가 자랑스럽게 느껴져.

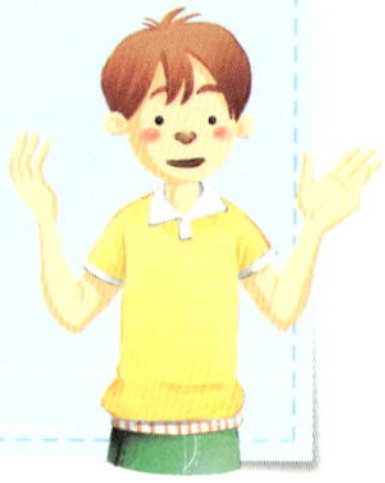

② 이 글은 스포츠 소식을 알려 주는 기사문이야.

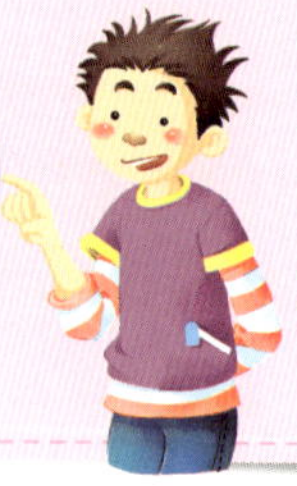

③ 기사의 제목과 요약한 부분 만 읽고도 기사 내용을 대강 알 수 있도록 썼어.

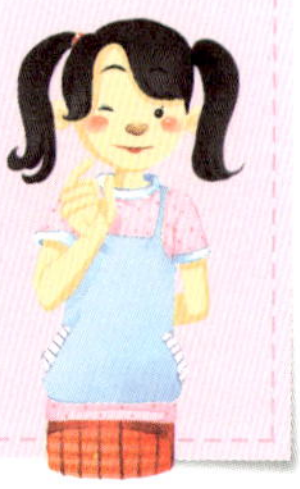

④ 앞으로 김연아 선수의 일정 도 자세하게 알 수 있어.

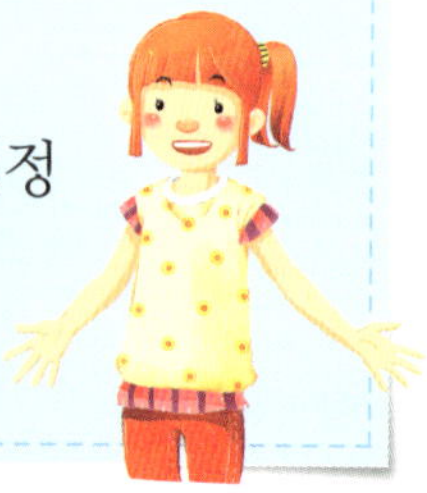

꼼꼼히 집중하여 읽기

글의 갈래	전기문
걸린 시간	분 초

 오늘 읽어 볼 글입니다. 차근차근 잘 읽고, 문제를 풀어 보세요.

1911년에 평안북도 용천에서 태어난 장기려는 송도 고보❶와 경성 의전❷을 졸업하고 외과 의사가 되었지요. 1950년 한국 전쟁 때, 평양에 부인과 2명의 아들과 3명의 딸을 남겨 둔 채 둘째 아들만 데리고 피난하여 이산가족이 되었어요.

장기려는 한국 전쟁 중 부상 당한 사람과 가난한 환자에 대한 무료 진료를 시작했고, 1958년에 부산에 자리잡은 다음 치료나 간호를 해 줄 사람이 없는 환자들을 위해 진료소를 차려 무료 진료를 했어요. 또, 가난한 사람과 장애인의 복지 향상에 힘쓰는 등 평생 사회봉사와 의료 사업 발전에 헌신했어요.

어느 날, 장기려는 입원비를 낼 수 없는 가난한 환자를 병원 뒷문으로 몰래 도망가도록 도와주었어요.

"나중에 돈을 벌면 그때 치료비를 갚으시면 되죠. 자, 이 돈은 차비에 보태세요."

장기려는 가난한 환자에게 차비까지 쥐어 주는 따뜻한 마음씨를 가지고 있었어요.

그의 인술❸ 활동이 전 세계에 알려지게 되어 1979년에는 필리핀 정부가 주는 막사이사이 사회 봉사상을 받았고, 1995년에는 인도주의 실천 의사 협의회가 주는 인도주의 실천 의사상을 받았답니다.

장기려 박사는 1995년 12월 25일에 조용히 세상을 떠났어요. 장기려 박사는 소외당하는 이웃의 영원한 벗, '한국의 슈바이처'로 불리고 있답니다.

❶ **고보** : 일제 강점기에, '고등 보통학교'를 줄여 이르던 말

❷ **의전** : 오늘날의 의과 대학교

❸ **인술** : 사람을 살리는 어진 기술이라는 뜻으로 의술을 이르는 말

다음은 앞에서 읽은 글의 내용을 한눈에 볼 수 있도록 정리한 글밥지도입니다. 보기 에서 알맞은 말을 골라 빈칸을 채워 보세요. 그리고 글에 알맞은 제목을 찾아 선으로 이어 보세요.

누구에 대한 이야기이지?

나

출생은?

다

직업은?

가

1995년 12월 25일

사망은?

업적과 평가는?

업적

평가

평생 **바** 와 의료 사업 발전에 헌신

소외 받는 이웃의 영원한 벗, **사**

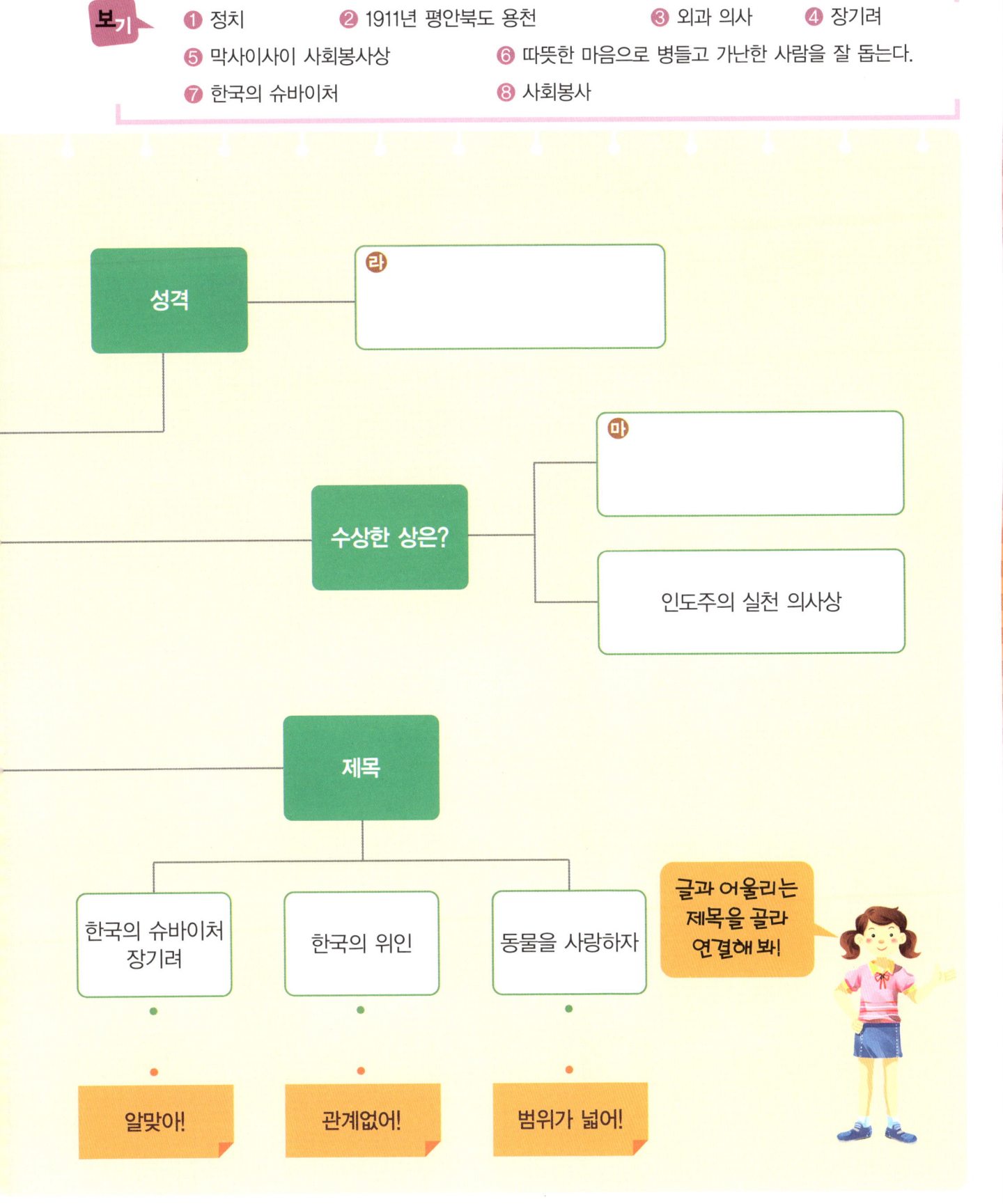

1 다음은 앞에서 읽은 글의 중요한 장면입니다. 이 장면에서 환자가 느끼는 감정으로 알맞지 <u>않은</u> 것을 골라 ∨표 해 보세요.

| 존경스럽다. ☐ | 감사하다. ☐ | 원망스럽다. ☐ | 미안하다. ☐ |

2 다음은 앞의 글을 읽은 친구들의 대화입니다. 이 글을 <u>잘못</u> 이해하고 있는 친구는 누구인가요?

① 장기려는 한국 전쟁으로 이산가족이 되었어.

② 평생을 사회봉사에 헌신하며 사신 걸 보니 분명 마음이 따뜻한 분일 거야.

③ 우리나라에도 슈바이처같이 훌륭한 의사가 있었다니 자랑스러워.

④ 의사로서 당연한 일을 했는데 상까지 받다니 운이 좋은 사람이군.

 오늘 읽어 볼 글입니다. 차근차근 잘 읽고, 문제를 풀어 보세요.

　우리말은 과학적인 우수성을 인정받은 훌륭한 언어입니다. 그런데 요즘 우리말을 바르게 사용하지 않는 사람들이 늘고 있습니다. 우리말로 의사소통이 가능한 경우에도 영어를 섞어서 말하는 경우가 많고, 사이버 공간에서 사용하기 시작한 인터넷 통신 언어를 일상생활에서까지 사용하는 경우도 늘어나고 있습니다.

　예를 들어, '베리베리(매우)'처럼 영어를 쓰거나 '겜(게임)', '낼(내일)', '울(우리)' 등 우리말을 줄여서 쓰고, 마니(많이)', '이따(있다)' 등 맞춤법을 무시하고 소리 나는 대로 쓰기도 합니다. '뱌뱌싱(안녕, 다시 만나.)', '쩝(입맛 다시는 소리)' 등 새로 만든 말을 사용하는 것도 볼 수 있습니다.

　새롭고 빠른 것을 좋아하는 젊은 사람들은 영어나 인터넷 통신 언어 등을 사용하면 자신의 생각을 쉽고 재미있게 전달할 수 있다고 주장합니다. 하지만 영어와 인터넷 통신 언어는 우리나라 사람들끼리도 의사소통하는 데 어려움을 겪게 하고, 이런 말을 모르는 사람들에게 소외감을 줄 수 있습니다.

　그러므로 영어를 섞어 쓰거나, 우리말을 줄여 쓰지 않고 우리말 맞춤법을 지켜 사용해야 합니다. 또, 가능하면 인터넷 통신 언어는 사이버 공간에서만 적절하게 사용해야 합니다.

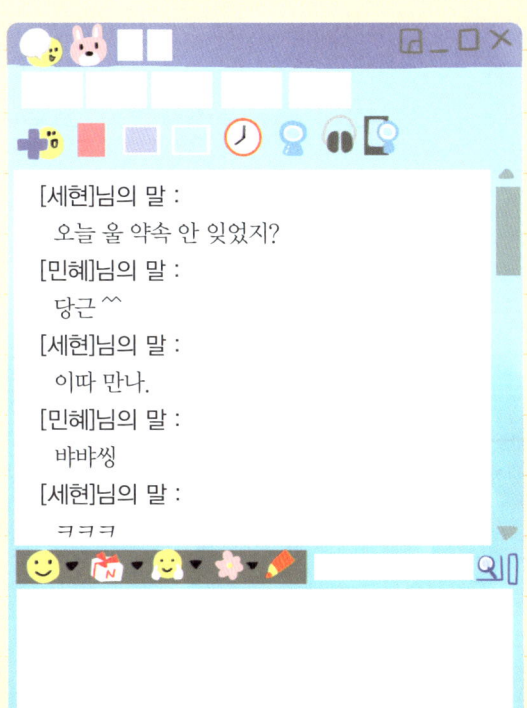

[세현]님의 말 :
　오늘 울 약속 안 잊었지?
[민혜]님의 말 :
　당근 ^^
[세현]님의 말 :
　이따 만나.
[민혜]님의 말 :
　뱌뱌씽
[세현]님의 말 :
　ㅋㅋㅋ

글밥지도 그리기

다음은 앞에서 읽은 글의 내용을 한눈에 볼 수 있도록 정리한 글밥지도입니다. 보기 에서 알맞은 말을 골라 빈칸을 채워 보세요. 그리고 글에 알맞은 제목과 문단의 내용을 찾아 선으로 이어 보세요.

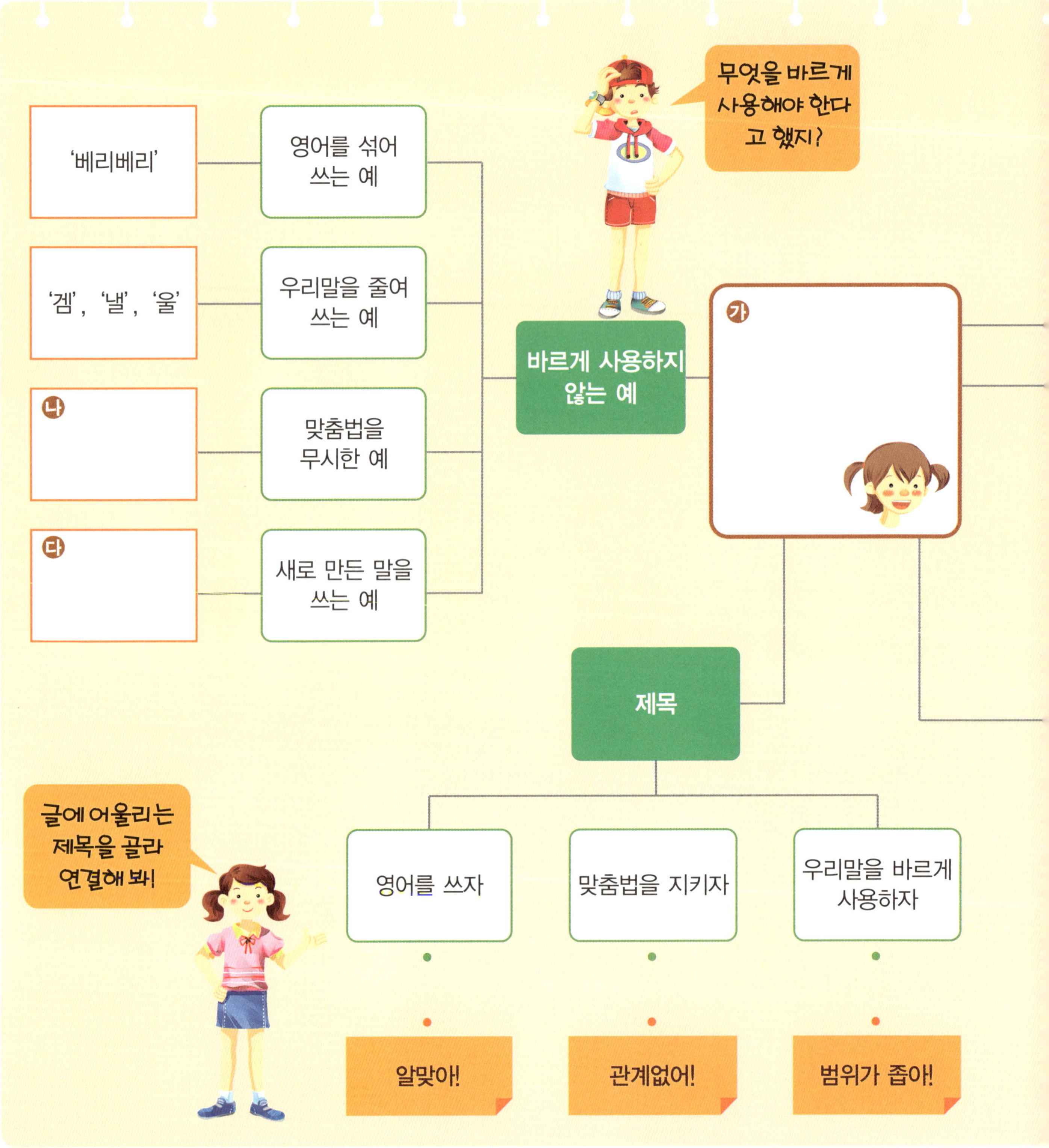

'베리베리' ─ 영어를 섞어 쓰는 예

'겜', '낼', '울' ─ 우리말을 줄여 쓰는 예

나 ─ 맞춤법을 무시한 예

다 ─ 새로 만든 말을 쓰는 예

바르게 사용하지 않는 예

무엇을 바르게 사용해야 한다고 했지?

가

제목

글에 어울리는 제목을 골라 연결해 봐!

영어를 쓰자

맞춤법을 지키자

우리말을 바르게 사용하자

알맞아!

관계없어!

범위가 좁아!

보기
1 우리 문화
2 '마니', '이따'
3 우리말
4 소외감
5 짧고 간결하게
6 '뱌뱌싱', '쩝'
7 친근감
8 쉽고 재미있게

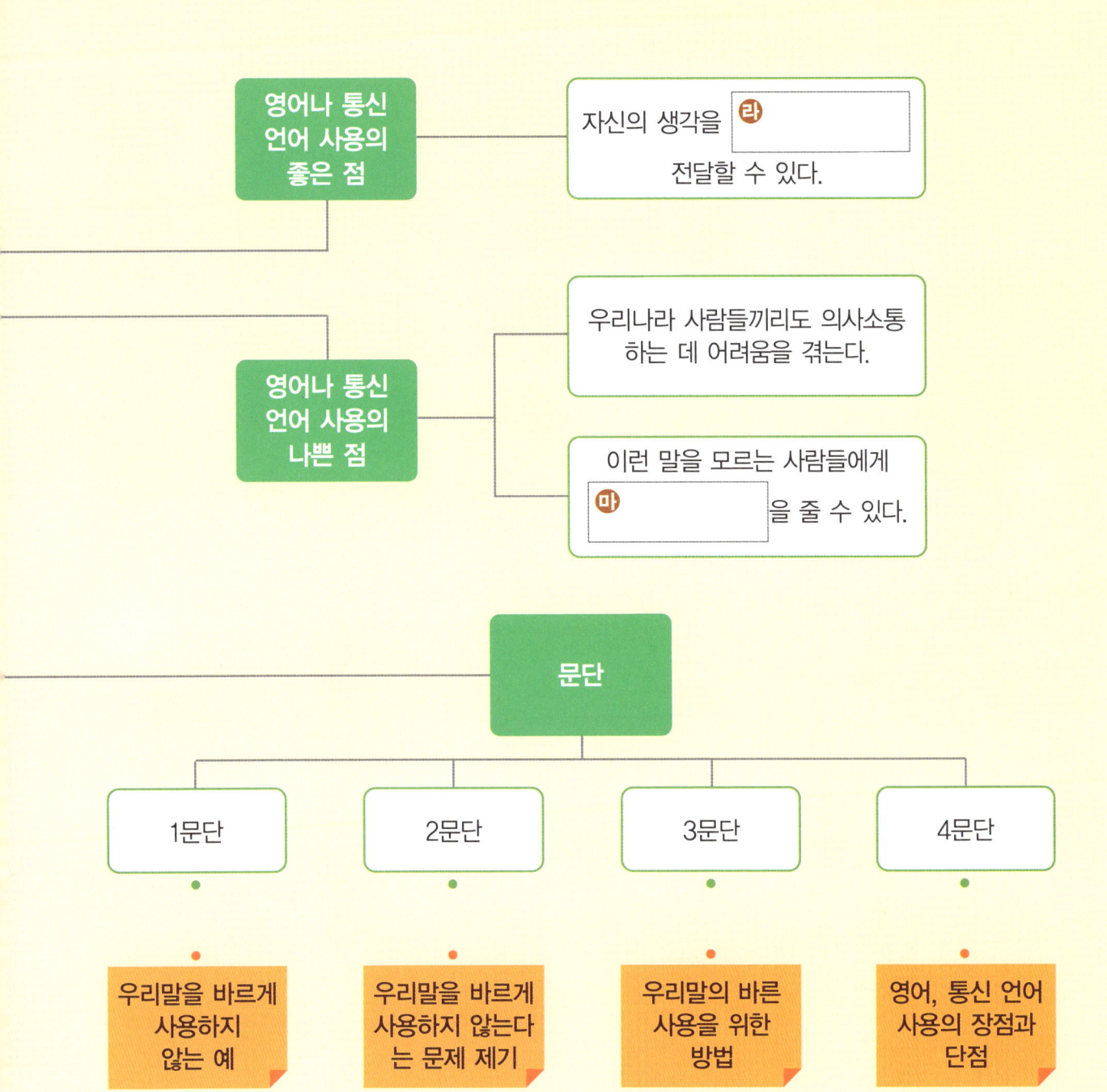

영어나 통신 언어 사용의 좋은 점

자신의 생각을 **라** [   ] 전달할 수 있다.

영어나 통신 언어 사용의 나쁜 점

우리나라 사람들끼리도 의사소통하는 데 어려움을 겪는다.

이런 말을 모르는 사람들에게 **마** [   ]을 줄 수 있다.

문단

1문단 | 2문단 | 3문단 | 4문단

우리말을 바르게 사용하지 않는 예

우리말을 바르게 사용하지 않는다는 문제 제기

우리말의 바른 사용을 위한 방법

영어, 통신 언어 사용의 장점과 단점

1 다음은 글쓴이가 제기한 문제와 주장을 정리한 것입니다. 그 주장을 뒷받침해 줄 수 있는 까닭으로 알맞은 것을 골라 ○표 해 보세요.

문제 제기	과학적인 우수성을 인정받은 훌륭한 우리말을 바르게 사용하지 않는 사람들이 늘고 있다.
주장	우리말을 바르게 사용하자.
까닭	① 바르지 않은 우리말 사용으로 우리나라 사람들끼리도 의사소통을 하는 데 어려움을 겪을 수 있다.
	② 빠르고 편리한 것을 추구하는 청소년들이 자신의 생각을 쉽고 재미있게 전달할 수 있다.
	③ 영어나 통신 언어를 모르는 사람들에게 소외감을 줄 수 있다.
	④ 인터넷 공간에서 맞춤법을 지켜야 할 필요는 없다.

2 다음은 앞의 글을 읽은 친구들의 대화입니다. 이 글을 잘못 이해하고 있는 친구는 누구인가요?

① 우리말을 바르게 사용해야 한다는 주장에 알맞은 까닭을 제시하고 있어.

② 젊은 사람들은 통신 언어나 영어를 섞어서 사용해도 괜찮아.

③ 우리말을 쓸 때에는 맞춤법에 맞게 사용해야 돼.

④ 우리말은 과학적인 우수성을 인정받은 언어야. 우리가 지켜야 해.

오늘 읽어 볼 글입니다. 차근차근 잘 읽고, 문제를 풀어 보세요.

지난 일요일, 이모를 따라서 낮 12시에 청량리 역에서 춘천행 기차를 타고 남이섬에 다녀왔다. 처음 떠나는 기차 여행이라 조금 떨리고 많이 기대되었다. 흔들리는 기차에 앉아서 달걀과 음료수를 마시며 창밖의 풍경을 구경하는 사이 기차가 가평 역에 도착했다.

남이섬에 도착하여 이모가 가장 가고 싶어한 메타세쿼이아 길에 갔다. 메타세쿼이아 나무가 늘어선 풍경은 마치 외국에 온 것 같은 느낌이었다. 이곳은 인기 드라마를 촬영한 곳으로도 유명하다. 우리는 드라마의 한 장면을 흉내 내면서 사진을 찍었다. 그리고 메타세쿼이아 길 맞은편에 있는 메타폰드라는 연못으로 갔다. 메타폰드는 '달 그릇에 은행 술 빚는 황금연못' 이란 뜻이다. 이곳에서 작고 예쁜 금닭, 공작, 거위, 오리와 기러기 등을 보았다. 여러 동물이 함께 어울려 사는 모습을 보면서 평화로움을 느꼈다.

가장 기억에 남는 일은 이모의 친구인 시인 아저씨를 우연히 만난 일이다. 10년 만의 만남이라며 두 분은 매우 기뻐하셨다. 춘천 근교[1]에서 농사를 짓는다는 아저씨는 근처에 있는 실레 마을로 우리를 안내해 주었다. 실레 마을에는 김유정 문학관이 있었다. 이곳에서는 김유정의 일대기와 〈봄봄〉, 〈동백꽃〉 등의 문학 작품들을 소개하고 있었다. 나는 아저씨 덕분에 김유정이라는 소설가에 대해 새롭게 알게 되었다.

❶ **근교** : 도시의 가까운 가장자리에 있는 마을

다음은 앞에서 읽은 글의 내용을 한눈에 볼 수 있도록 정리한 글밥지도입니다. 보기에서 알맞은 말을 골라 빈칸을 채워 보세요. 그리고 글에 알맞은 제목과 둘러본 곳을 선으로 이어 보세요.

나

함께 간
사람은?

여행한 곳은
어디지?

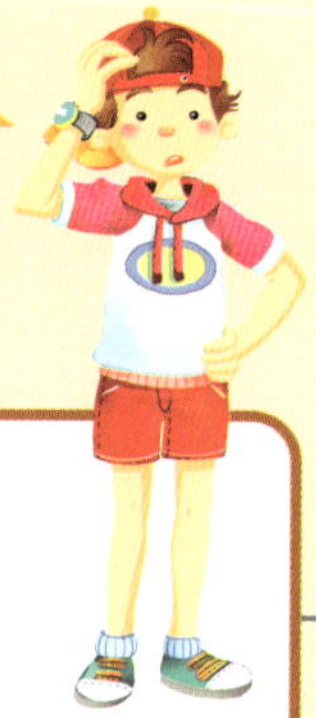

조금 떨리고

다

출발할 때
기분은?

가

라

여행지에서
만난 사람은?

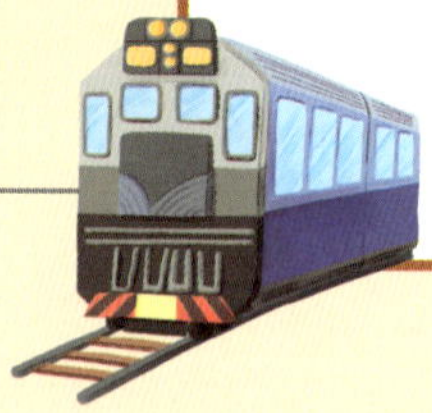

제목

춘천 닭갈비

남이섬을
다녀와서

메타세쿼이아 길

알맞아!

관계없어!

범위가 좁아!

보기
① 많이 기대되었다.　　　② 이모　　　③ 남이섬
④ 귀찮았다.　　　⑤ 소설가 김유정　　　⑥ 닭갈비의 맛
⑦ 시인 아저씨　　　⑧ 평화로움

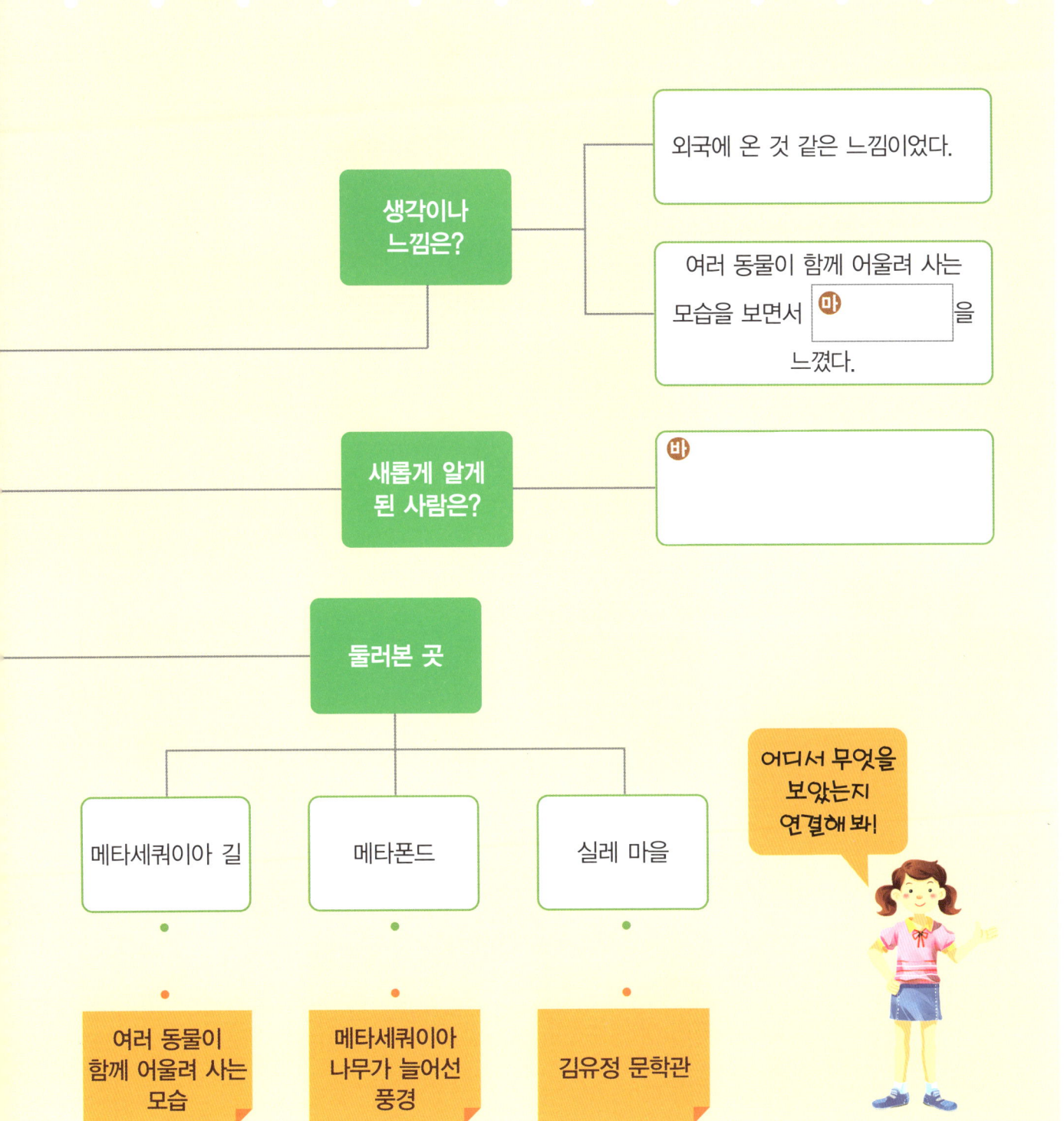

생각이나
느낌은?

외국에 온 것 같은 느낌이었다.

여러 동물이 함께 어울려 사는
모습을 보면서 **마**　　　을
느꼈다.

새롭게 알게
된 사람은?

바

둘러본 곳

메타세쿼이아 길

메타폰드

실레 마을

어디서 무엇을
보았는지
연결해 봐!

여러 동물이
함께 어울려 사는
모습

메타세쿼이아
나무가 늘어선
풍경

김유정 문학관

끄덕끄덕 공감하기

1 다음은 앞에서 읽은 글의 중요한 장면입니다. 처음 기차 여행을 떠날 때, 10년 만에 친구를 만났을 때 기분으로 알맞은 것을 **보기** 에서 골라 각각 답해 보세요.

①

②

보기

| 불쾌하다. | 우울하다. | 반갑다. | 설레다. |

2 다음은 앞의 글을 읽은 친구들의 대화입니다. 이 글을 잘못 이해하고 있는 친구는 누구인가요?

① 드라마의 한 장면을 흉내 내 며 사진을 찍은 걸 보면 글쓴 이는 탤런트인가 봐.

② 여행을 하고 느끼고 생각한 점을 쓴 기행문으로 여행한 곳과 그곳에서 본 내용이 잘 드러나 있어.

③ 여행을 통해 김유정이라는 소설가에 대해 새롭게 알게 되었대.

④ 이 글에는 여행을 떠나기 전 의 떨림과 기대가 나타나 있 어.

 오늘 읽어 볼 글입니다. 차근차근 잘 읽고, 문제를 풀어 보세요.

멋쟁이들의 패션,
고구려표 물방울무늬 의상!

낳아 주시고 키워 주신 어머니,
오늘은 제가 당신께 이 옷을 드립니다.
이제 어머니도 멋쟁이가 될 수 있습니다.

고구려표 물방울무늬 의상은
순면 소재를 사용하여 만들었습니다.
가볍고 따뜻해서 야외 활동하기에 편리합니다.
입고 벗기 편하게 디자인되었습니다.
효도를 하는 단 한 가지 방법은
어머니께 이 옷을 선물하는 것입니다.
원가 50만 원짜리를 단돈 1만 원에 드립니다.

신라표 물방울무늬 의상은
결코 고구려표 물방울무늬 의상의
품질을 따라올 수 없습니다.

다음은 앞에서 읽은 글의 내용을 한눈에 볼 수 있도록 정리한 글밥지도입니다. 보기 에서 알맞은 말을 골라 빈칸을 채워 보세요. 그리고 알맞은 광고 목적을 찾아 선으로 이어 보세요.

광고하는 상품은 무엇이지?

나

제목은?

다

광고의 종류는? ①

가

부모님이 계신 자녀들

광고를 볼 대상은?

광고 목적

| 의견 전달 | 교훈 전달 | 상품 소개 |

알맞아! | 관계없어! | 범위가 좁아!

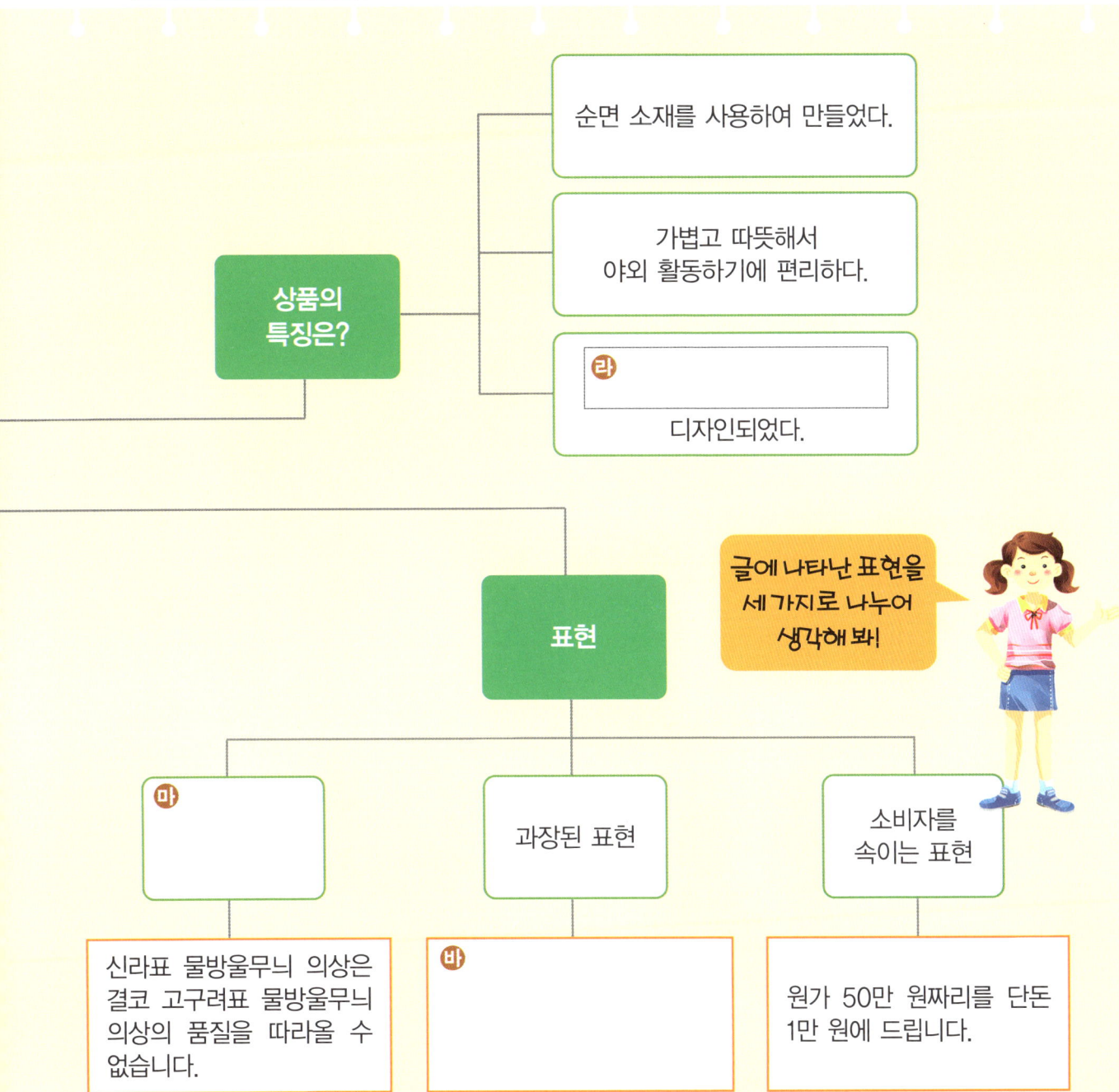

순면 소재를 사용하여 만들었다.

가볍고 따뜻해서
야외 활동하기에 편리하다.

라

디자인되었다.

**상품의
특징은?**

표현

글에 나타난 표현을
세 가지로 나누어
생각해 봐!

마

과장된 표현

소비자를
속이는 표현

신라표 물방울무늬 의상은
결코 고구려표 물방울무늬
의상의 품질을 따라올 수
없습니다.

바

원가 50만 원짜리를 단돈
1만 원에 드립니다.

● **광고의 종류** : ㉠ 상업 광고 – 상품의 특징과 좋은 점을 알리기 위한 광고

㉡ 기업 광고 – 기업에 대해 좋은 인상을 심어 주기 위한 광고

㉢ 공익 광고 – 공공의 문제에 대한 관심과 해결을 구하기 위한 광고

1 다음은 앞에서 읽은 광고의 내용입니다. 사실인 문장에는 '사', 의견인 문장에는 '의'를 써 보세요.

광고 내용
① 낳아 주시고 키워 주신 어머니 ☐
② 이제 어머니도 멋쟁이가 될 수 있습니다. ☐
③ 순면 소재를 사용하여 만들었습니다. ☐
④ 효도를 하는 단 한 가지 방법은 어머니께 이 옷을 선물하는 것입니다. ☐

실제로 있었던 일이나 현재에 있는 일이 '사실', 어떤 것에 대하여 갖게 되는 생각이 '의견'이야.

2 다음은 앞의 글을 읽은 친구들의 대화입니다. 이 글을 <u>잘못</u> 이해하고 있는 친구는 누구인가요?

①
이 광고문은 부모님을 둔 자녀들과 자녀를 둔 부모님을 대상으로 한 광고야.

②
이 옷을 선물하는 것이 효도를 하는 단 한 가지 방법이라니 너무 과장된 표현이야.

③
다른 회사 제품을 깎아내리는 비방 광고를 하고 있어.

④
광고문을 읽을 때는 사실과 의견을 잘 구분해서 읽어야 해.

공습국어 초등독해

정답과 해설

3·4학년 　심화Ⅱ

주니어김영사

 ## 글밥지도 그리기

가 ⑦ 월계수
나 ① 페네이오스
다 ② 에로스
라 ⑥ 사랑에 빠지는 화살
마 ④ 사랑을 거부하는 화살
바 ⑤ 우쭐거리며 뽐낸다.

● 순서

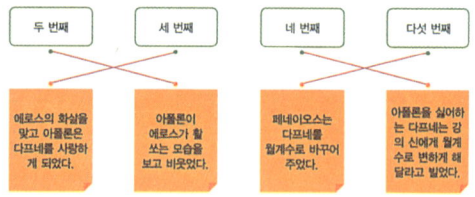

 ## 끄덕끄덕 공감하기

1. 즐겁다.
2. ①

> **해설**
> 다프네는 아폴론을 사랑하기 때문에 월계수로 변한 것이 아니라 아폴론이 싫기 때문에 월계수로 변했습니다.

 ## 글밥지도 그리기

가 ② 내 동생
나 ⑤ 여덟 살
다 ④ 얼굴은 동그랗고 눈이 작다.
라 ⑥ 매우 밝고 명랑하다.
마 ⑧ 그림을 잘 그린다.
바 ① 경찰

● 제목

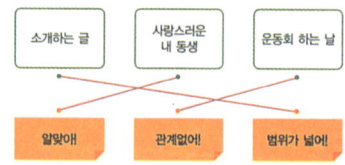

> **해설**
> • **소개하는 글** : 범위가 너무 넓습니다. 자기를 소개하는 글, 동생을 소개하는 글, 외국 사람에게 우리 문화를 소개하는 글 등 글의 내용에 알맞게 범위를 좁혀서 제목을 쓰는 것이 좋습니다.
> • **사랑스러운 내 동생** : 이 글을 쓴 어린이는 친구들에게 자기 동생을 소개하고 있으므로 '사랑스러운 내 동생'이라는 제목이 알맞습니다.
> • **운동회 하는 날** : 이 글은 동생을 소개하는 글입니다. 운동회 하는 날과는 관계가 없습니다.

● 문단

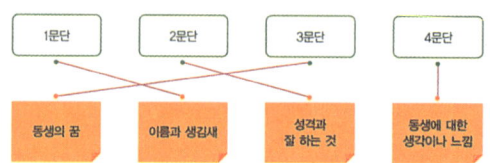

 ## 요목조목 따져보기

1. ① ○ ② ○ ③ ∨ ④ ○ ⑤ ∨
2. ④

> **해설**
> 글쓴이는 동생 동현이가 세상에서 가장 귀엽고 사랑스럽다고 했습니다. 사랑받는 것을 시샘하는 내용은 나타나 있지 않습니다.

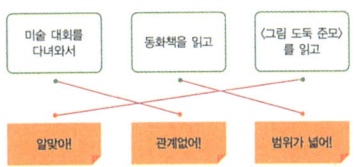 **글밥지도 그리기**

가 ③ 그림 도둑 준모
나 ② 외삼촌께서 생일 선물로 사 주셔서
다 ⑤ 착하고 성실하다.
라 ⑥ 예린
마 ④ 못난 아이
바 ⑧ 준모가 은행나무에 오르는 장면

● 제목

미술 대회를 다녀와서	동화책을 읽고	〈그림 도둑 준모〉 를 읽고
관계없어!	범위가 넓어!	알맞아!

해설

- **미술 대회를 다녀와서** : 이 글은 창작 동화를 읽고 쓴 독서 감상문입니다. 미술 대회를 다녀와서 쓴 것이 아니므로 제목과 관계가 없습니다.
- **동화책을 읽고** : 제목으로 하기에는 범위가 너무 넓습니다. 세상에는 수많은 동화책이 있습니다. 수많은 동화책 가운데 어떤 동화책을 읽고 쓴 것인지 알 수 있도록 구체적인 책 제목을 쓰는 것이 좋습니다.
- **〈그림 도둑 준모〉를 읽고** : 이 글은 책을 읽고 쓴 독서 감상문입니다. 구체적인 책 이름을 넣어 제목을 붙이는 것이 좋습니다. '〈그림 도둑 준모〉를 읽고'가 제목으로 알맞습니다.

 끄덕끄덕 공감하기

1. [예시]
   성실상, 이 어린이는 늘 착하고 성실하게 행동하였기에 성실상을 줍니다. 이재국 드림
2. ②

해설

책 속의 주인공은 선생님의 오해로 상을 받았습니다. 거짓말을 하여 상을 받은 것이 아닙니다.

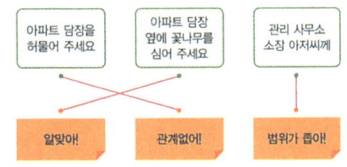 **글밥지도 그리기**

가 ② 부탁하는 글
나 ④ 아파트 관리 사무소 소장
다 ③ 김수미
라 ⑦ 아파트 담장 옆에 주차를 못하게 하자.
마 ⑤ 매연이 발생된다.
바 ⑥ 꽃나무

● 제목

아파트 담장을 허물어 주세요	아파트 담장 옆에 꽃나무를 심어 주세요	관리 사무소 소장 아저씨께
알맞아!	관계없어!	범위가 좁아!

해설

- **아파트 담장을 허물어 주세요** : 이 글에서 글쓴이는 아파트의 담장 옆에 주차하는 것을 금지하고 꽃나무를 심자고 부탁하고 있습니다. 하지만 아파트 담장을 허물어 달라고 하지는 않았습니다.
- **아파트 담장 옆에 꽃나무를 심어 주세요** : 글쓴이는 아파트의 담장 옆에 주차를 금지하고 꽃나무를 심자고 부탁하고 있습니다. 그러므로 '아파트 담장 옆에 꽃나무를 심어 주세요'가 제목으로 알맞습니다.
- **관리 사무소 소장 아저씨께** : 이 글은 관리 사무소 소장 아저씨께 부탁하는 글입니다. 하지만 이 제목은 글의 내용을 모두 포함하지 못하는 제목으로 범위가 좁습니다.

● 문단

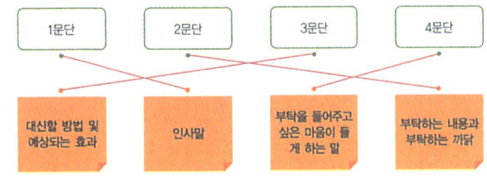

1문단	2문단	3문단	4문단
대신할 방법 및 예상되는 효과	인사말	부탁을 들어주고 싶은 마음이 들 게 하는 말	부탁하는 내용과 부탁하는 까닭

 요목조목 따져보기

1. ①, ②, ③
2. ②

해설

수미가 부탁한 내용은 아파트를 관리하는 업무를 맡고 있는 관리 사무소 소장의 위치에서 충분히 해결할 수 있는 문제입니다.

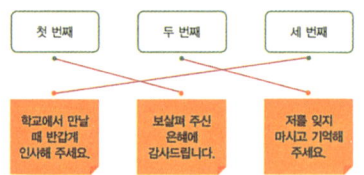

가 ② 편지글
나 ④ 김성희 선생님
다 ③ 첫인사
라 ⑧ 미란
마 ⑦ 고마운 마음
바 ⑥ 눈물 많은 미란이

● **하고 싶은 말**

첫 번째	두 번째	세 번째

학교에서 만날 때 반갑게 인사해 주세요.	보살펴 주신 은혜에 감사드립니다.	저를 잊지 마시고 기억해 주세요.

 끄덕끄덕 공감하기

1. 슬프다.
2. ③

> **해설**
> 편지에는 편지를 쓴 까닭이 분명하게 나타나 있습니다. 미란이가 편지를 쓴 까닭은 첫째, 보살펴 주신 은혜에 감사드린다는 것, 둘째, 잊지 말고 기억해 달라는 것, 셋째, 만나면 반갑게 맞이해 달라는 것입니다.

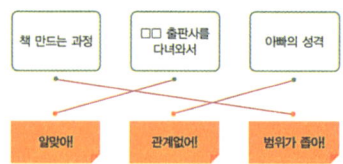

가 ③ 출판사
나 ② 누나
다 ⑤ 책이 만들어지는 과정
라 ④ 작고 아늑한 도서관 같다.
마 ⑦ 기획 회의
바 ⑧ 1층 편집실

● **제목**

책 만드는 과정	□□ 출판사를 다녀와서	아빠의 성격

알맞아!	관계없어!	범위가 좁아!

> **해설**
> • **책 만드는 과정** : 글 전체 내용 중 책 만드는 과정은 일부분이므로 제목으로 하기에는 범위가 좁습니다.
> • **□□ 출판사를 다녀와서** : □□ 출판사를 견학한 뒤 본 것, 느낀 것, 새롭게 알게 된 것 등을 기록한 견학 기록문이므로 제목으로 알맞습니다.
> • **아빠의 성격** : 아빠가 출판사를 안내해 주는 내용이 나오지만 아빠의 성격과는 관계없는 내용입니다.

● **문단**

1문단	2문단	3~5문단	6문단

견학한 곳의 첫인상	견학 장소와 목적	견학 후의 생각이나 느낌	책이 만들어지는 과정

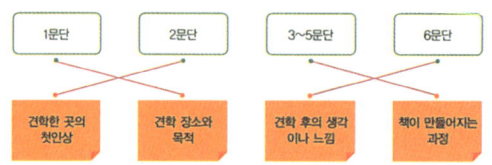 **요목조목 따져보기**

1. ① 여러 가지 책을 보기 위해서
   ④ 1층 편집실 – 교정지를 확인하는 작가들
2. ①

> **해설**
> 견학을 간 곳은 □□ 출판사이고, 함께 견학을 간 사람은 누나입니다.

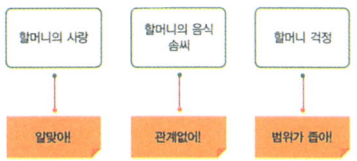 글밥지도 그리기

가 ② 할머니
나 ④ 할머니께서 우산을 가져다주셨다.
다 ⑧ 엄마와 아빠께서 바쁘셔서
라 ⑤ 옛이야기
마 ⑦ 건강하게 오래 사셨으면 좋겠다.

● **제목**

할머니의 사랑	할머니의 음식 솜씨	할머니 걱정
↓	↓	↓
알맞아!	관계없어!	범위가 좁아!

해설
• **할머니의 사랑** : 할머니께서 글쓴이를 사랑으로 돌보아 주시는 일을 뒤돌아보고 쓴 일기이므로 '할머니의 사랑'이라는 제목이 알맞습니다.
• **할머니의 음식 솜씨** : 이 일기에는 할머니의 음식 솜씨에 관한 내용이 없습니다. '할머니의 음식 솜씨'는 제목과 관계없습니다.
• **할머니 걱정** : 할머니를 걱정하는 내용이 끝 부분에 조금 나오지만 이 글 전체의 제목으로 정하기에는 범위가 좁습니다.

● **문단**

1문단	2문단	3문단	4문단
할머니에 대한 나의 마음	오늘 있었던 일	할머니에 대한 나의 바람	할머니가 나에게 해 주신 일

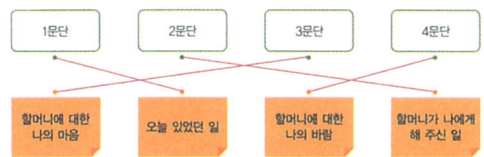 끄덕끄덕 공감하기

1. 후련하다.
2. ②

해설
글쓴이는 일기에 할머니에 대한 감사와 사랑을 담아 썼습니다. 할머니에 대한 서운한 마음이 드러난 곳은 없습니다.

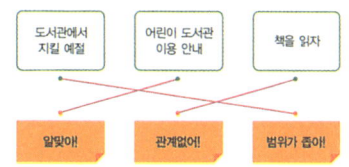 글밥지도 그리기

가 ⑤ 어린이 도서관
나 ② 오전 9시부터 오후 6시까지
다 ① 첫째, 셋째 월요일과 공휴일
라 ⑦ 회원 가입
마 ③ 가방은 보관함에 보관해야 한다.
바 ⑧ 지켜야 할 예절

● **제목**

도서관에서 지킬 예절	어린이 도서관 이용 안내	책을 읽자
↓	↓	↓
알맞아!	관계없어!	범위가 좁아!

해설
• **도서관에서 지킬 예절** : 이 글은 도서관 이용 안내문입니다. '도서관에서 지킬 예절'은 이 글의 일부이므로 제목으로 하기에는 범위가 좁습니다.
• **어린이 도서관 이용 안내** : 이 글은 어린이 도서관을 이용하는 방법을 안내하기 위해 쓴 글입니다. 제목으로 알맞습니다.
• **책을 읽자** : 이 글에서 책을 읽는 내용은 찾아볼 수 없으므로 제목과 관계가 없습니다.

● **문단**

1문단	2문단	3문단	4문단
대출 권수와 대출 기간	이용 시간과 휴관일	도서관에서 지켜야 할 예절	도서관 이용 자격과 절차

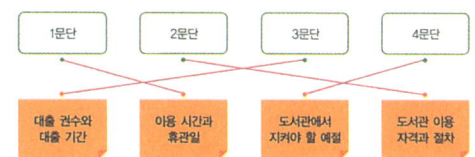 요목조목 따져보기

1. ① 연장 ② 음식
2. ④

해설
책을 접거나 찢어 가지 않는 것은 도서관에서 지켜야 할 예절입니다. 그러나 다시는 책을 빌릴 수 없다는 내용은 없습니다.

 글밥지도 그리기

가 ④ 개
나 ⑥ 고려 시대
다 ③ 거령현
라 ⑦ 김개인
마 ② 충직하고 총명하다.
바 ⑧ 주인을 구하려다가 지쳤기 때문에

● 제목

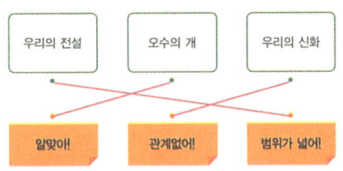

> **해설**
> • **우리의 전설** : 우리나라 전설에는 '장자못 전설', '오뉘힘내기 전설', '아기장수 전설' 등 수많은 이야기가 있습니다. '우리의 전설'로 제목을 하기에는 범위가 너무 넓습니다.
> • **오수의 개** : 주인을 구하고 죽은 개 이야기로 '오수'라는 마을에 전해 오는 전설입니다. '오수의 개'는 제목으로 알맞습니다.
> • **우리의 신화** : 오수의 개는 지명과 관련된 전설에 해당합니다. 신화와는 관계가 없습니다.

● 순서

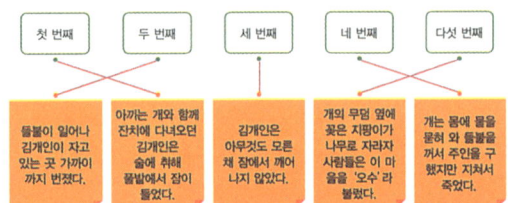

 끄덕끄덕 공감하기

1. 짜릿하다.
2. ③

> **해설**
> 개는 자신의 몸에 물을 묻혀 와 주인 둘레의 들불을 꺼 불이 주인에게 옮겨붙지 않게 하였습니다.

글밥지도 그리기

가 ① 김치
나 ③ 발효시킨 음식
다 ② 상고 시대
라 ⑥ 소박이김치
마 ④ 깍두기, 총각김치
바 ⑧ 항암 효과
사 ⑦ 외국의 슈퍼마켓에서 판매

● 제목

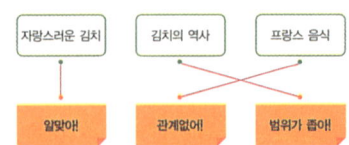

> **해설**
> • **자랑스러운 김치** : 우리 전통 음식인 김치를 설명하는 글입니다. '자랑스런 김치'라는 제목이 알맞습니다.
> • **김치의 역사** : 이 글은 김치의 뜻과 역사, 김치의 종류와 효능, 김치의 세계화 등의 내용을 모두 포함하고 있으므로 '김치의 역사'는 제목으로 범위가 좁습니다.
> • **프랑스 음식** : 김치는 프랑스 음식과 관계없습니다.

● 문단

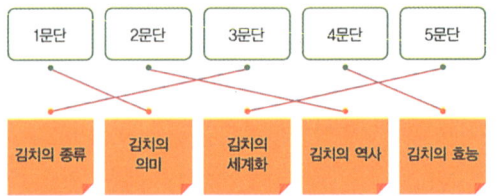

 요목조목 따져보기

1. ① 배추와 무 ② 소금 ③ 마늘 ④ 젓갈 ⑤ 발효
2. ①

> **해설**
> 이 글의 끝 부분에 외국인들에게도 김치가 건강식품으로 인기를 모으고 있다는 내용이 있습니다.

글밥지도 그리기

가 ② 산책
나 ① 엄마를 따라서 인사동에 갔다가
다 ③ 한가로운 풍경, 집과 나무
라 ⑦ 그림의 색깔
마 ⑥ 포근하게 느껴졌다.
바 ⑧ 오늘 하루는 어땠니?

● 제목

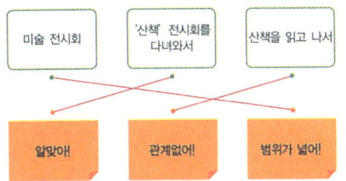

> **해설**
> • **미술 전시회** : 제목으로 하기에는 범위가 너무 넓습니다. 어떤 미술 전시회를 다녀왔는지 밝혀 쓰는 것이 좋습니다.
> • **'산책' 전시회를 다녀와서** : 미술 감상문의 제목을 쓸 때에는 화가의 이름이나 전시회 이름을 밝혀 쓰는 것이 좋습니다. 제목으로 알맞습니다.
> • **산책을 읽고 나서** : 이 글은 미술 전시회를 보고 와서 느낀 점을 쓴 글입니다. 독서 감상문과는 관계가 없습니다.

끄덕끄덕 공감하기

1. [예시]
따뜻한 색을 사용하여 여러 개의 집과 나무를 자유롭게 그립니다.
2. ③

> **해설**
> 글쓴이는 지금까지는 미술 감상이 매우 어려운 것이라고 생각했는데 오늘 경험을 통해 쉽고 즐거운 일이라는 것을 알게 되었다고 했습니다.

글밥지도 그리기

가 ② 일기 검사
나 ③ 그날 겪은 일
다 ④ 자신의 하루
라 ⑧ 일기 검사를 하지 말아야 한다.
마 ⑤ 글쓰기 지도를 할 수 있다.
바 ⑥ 솔직하게 쓸 수 없다.

● 제목

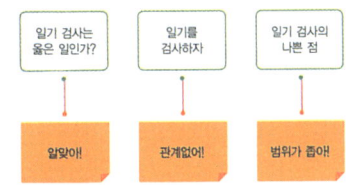

> **해설**
> • **일기 검사는 옳은 일인가?** : 글쓴이는 학교에서 일기를 검사하는 일이 옳은 일인가에 대한 문제를 제기한 뒤 알맞은 까닭을 들어 자신의 주장을 펼치고 있습니다. 그러므로 '일기 검사는 옳은 일인가?'가 제목으로 알맞습니다.
> • **일기를 검사하자** : 글쓴이는 일기 검사를 하지 말아야 한다고 주장하고 있습니다. '일기를 검사하자'는 이 글과 관계없는 제목입니다.
> • **일기 검사의 나쁜 점** : 일기 검사의 나쁜 점과 좋은 점을 모두 말하고 있으므로 '일기 검사의 나쁜 점'은 제목으로 하기에 범위가 좁습니다.

● 짜임

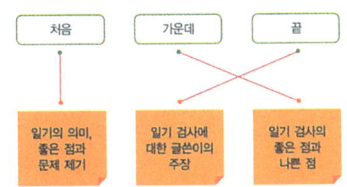

요목조목 따져보기

1. ①, ②, ④
2. ②

> **해설**
> 글쓴이는 이 글에서 일기 검사를 하지 말 것을 주장하고 있습니다. 일기를 솔직하게 쓰면 안 된다는 주장을 하지 않았습니다.

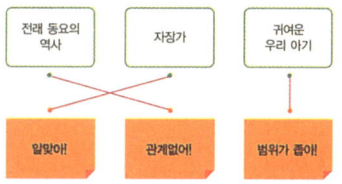 글밥지도 그리기

가 ⑤ 아기   **나** ② 아기를 재울 때
다 ③ 2연 8행   **라** ⑥ 자장자장
마 ⑧ 자장자장 잘도 잔다.

● **제목**

전래 동요의 역사	자장가	귀여운 우리 아기
알맞아!	관계없어!	범위가 좁아!

> **해설**
> • **전래 동요의 역사** : 이 노래는 옛날부터 전해져 내려온 전래 동요입니다. 하지만 전래 동요의 역사는 담고 있지 않습니다. 따라서 이 글의 제목과는 관계가 없습니다.
> • **자장가** : 이 노래는 '자장자장 우리 아기 자장자장 잘도 잔다'를 통해 알 수 있듯이 아기를 재울 때 부르던 우리의 전래 동요입니다. 따라서 이 글의 제목으로 '자장가'가 알맞습니다.
> • **귀여운 우리 아기** : 이 노래에는 아기를 사랑하는 부모님의 마음이 잘 나타나 있습니다. 하지만 이 전래 동요 전체 내용을 표현하기에는 범위가 좁습니다.

● **어울리는 말**

꼬꼬 닭아	짖지 마라
멍멍 개야	충신동아
나라에는	효자동아
부모에는	우지 마라

끄덕끄덕 공감하기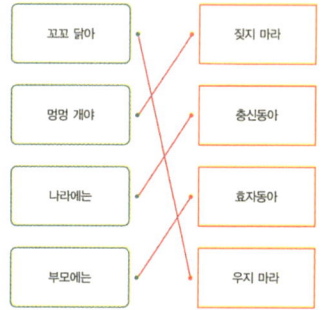

1. [예시] 음매 소야, 깍깍 까치, 보석동아, 사랑동아
2. ②

> **해설**
> 이 전래 동요에서 말하는 사람은 아이를 금과 은을 주고도 살 수 없는 귀하고 귀한 존재로 표현하고 있습니다. 금과 은을 주면 아이를 살 수 있다는 감상은 타당하지 않습니다.

글밥지도 그리기

가 ③ 신문
나 ④ 심장병 친구 돕기 모금 운동
다 ⑧ 학생과 교사가 모금 운동 벌여 1,100만 원 모아
라 ② 누가
마 ⑥ 마로니에 공원에서
바 ⑤ 이강산 군을 돕기 위해

● **기사의 내용**

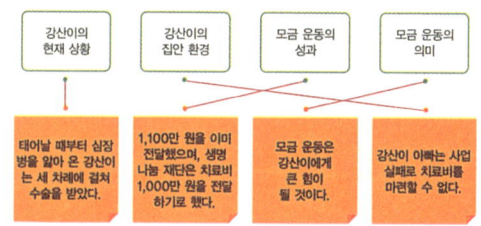

강산이의 현재 상황	강산이의 집안 환경	모금 운동의 성과	모금 운동의 의미
태어날 때부터 심장병을 앓아 온 강산이는 세 차례에 걸쳐 수술을 받았다.	1,100만 원을 이미 전달했으며, 생명 나눔 재단은 치료비 1,000만 원을 전달하기로 했다.	모금 운동은 강산이에게 큰 힘이 될 것이다.	강산이 아빠는 사업 실패로 치료비를 마련할 수 없다.

요목조목 따져보기

1. 왜

> **해설**
> 기사에는 샛별 초등학교 학생들과 교사들이 왜 2차 모금 운동을 벌이고 있는지 나타나 있지 않습니다.
> • **누가** : 샛별 초등학교 학생들과 교사들
> • **언제** : 4월 6일부터
> • **어디서** : 혜화동 마로니에 공원에서
> • **무엇을** : 2차 모금 운동을
> • **어떻게** : 벌이고 있다.

2. ②

> **해설**
> 강산이 아빠는 사업 실패로 4,000만 원이 넘는 치료비를 마련할 수 없는 안타까운 처지에 놓여 있다고 하였지 비난을 하고 있지 않습니다.

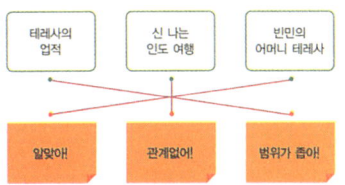

가 ③ 테레사
나 ⑥ 1910년
다 ④ 유고슬라비아
라 ① 남을 돕는 일
마 ⑧ 병에 걸린 사람들을 돌보았다.
바 ② 인도주의자

● 제목

테레사의 업적	신 나는 인도 여행	빈민의 어머니 테레사

알맞아!	관계없어!	범위가 좁아!

> **해설**
> • **테레사의 업적** : 테레사의 출생과 사망, 업적과 평가 등을 포함할 수 있는 제목이어야 합니다. '테레사의 업적'은 범위가 좁습니다.
> • **신 나는 인도 여행** : 인도가 배경이 되지만 인도 여행에 관한 내용이 아니므로 제목과 관계없습니다.
> • **빈민의 어머니 테레사** : 소외된 사람들과 빈민을 위해 헌신한 테레사의 일생을 쓴 글이므로 '빈민의 어머니 테레사'가 제목으로 알맞습니다.

● 일생

첫 번째	두 번째	세 번째	네 번째

노벨 평화상 수상	콜카타에서 사망	'사랑의 선교회' 를 만듦	로레타 수녀원에 들어감

끄덕끄덕 공감하기

1. [예시]
   사랑의 수녀님, 천사 수녀님
2. ①

> **해설**
> 집안이 가난하여 수녀가 될 수밖에 없었다는 말은 이 글에 나와 있지 않습니다.

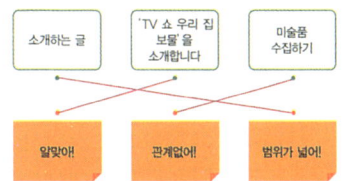

가 ④ 텔레비전 프로그램
나 ③ TV 쇼 우리 집 보물
다 ① 목요일 오후 7시
라 ⑤ 감정을 부탁한 사람
마 ⑧ 우리 민족의 생활사

● 제목

소개하는 글	'TV 쇼 우리 집 보물'을 소개합니다	미술품 수집하기

알맞아!	관계없어!	범위가 넓어!

> **해설**
> • **소개하는 글** : 무엇을 소개하는지 알 수가 없어서 범위가 넓은 제목입니다.
> • **'TV 쇼 우리 집 보물'을 소개합니다** : 텔레비전 프로그램의 구체적인 이름을 밝혀 소개하고 있어 제목으로 알맞습니다.
> • **미술품 수집하기** : 미술품을 감정하는 프로그램을 소개하는 글입니다. '미술품 수집하기'는 이 글과 관계가 없습니다.

● 문단

1문단	2문단	3문단	4문단

프로그램의 진행 방식과 순서	프로그램 이름과 방송 시간	프로그램의 유익한 점과 권하는 말	프로그램에 소개된 보물의 예

요목조목 따져보기

1. ① ㉡ ② ㉢ ③ ㉠
2. ④

> **해설**
> 오래된 물건들의 값어치를 알아보려면 비싼 감정료를 내야 한다는 말은 글 어디에도 나와 있지 않습니다.

 ## 글밥지도 그리기

가 ⑥ 아들 청개구리
나 ② 옛날 옛날
다 ④ 아주 큰 연못
라 ⑧ 엄마 말씀을 듣지 않고 제멋대로 행동한다.
마 ⑤ 꼭 반대로 행동을 했지요.
바 ⑦ 냇가

● 제목

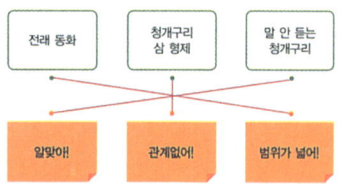

> **해설**
> • **전래 동화** : 전래 동화 가운데 어떤 동화인지를 구체적으로 밝혀 적어야 합니다. '전래 동화'는 이 이야기의 제목으로는 범위가 너무 넓습니다.
> • **청개구리 삼 형제** : 이 이야기에는 엄마 청개구리와 아들 청개구리가 나옵니다. '청개구리 삼 형제'는 이 이야기와 관계가 없습니다.
> • **말 안 듣는 청개구리** : 주인공 청개구리가 엄마 말씀에 반대로 행동합니다. '말 안 듣는 청개구리'가 제목으로 알맞습니다.

● 순서

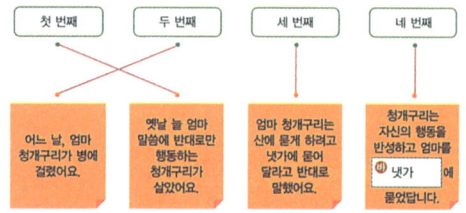

 ## 끄덕끄덕 공감하기

1. 아들 청개구리는 엄마가 무슨 말씀을 하시든 꼭 반대로 행동을 했지요.
2. ③

> **해설**
> 엄마 청개구리는 아들이 산에 무덤을 만들게 하려고 반대로 말한 것입니다.

 ## 글밥지도 그리기

가 ① 체벌
나 ④ 체벌은 없어져야 한다.
다 ③ 또 다른 폭력을 만들어 내기도 한다.
라 ② 교육
마 ⑦ 훈육 · 훈계 등의 방법

● 제목

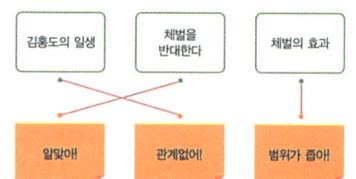

> **해설**
> • **김홍도의 일생** : 김홍도의 그림을 예로 들어 말하고 있지만 김홍도의 일생과는 관계없는 글입니다.
> • **체벌을 반대한다** : 체벌을 반대한다고 주장하는 글이므로 제목으로 알맞습니다.
> • **체벌의 효과** : 체벌에 반대한다는 주장에 대한 까닭으로 체벌의 효과가 일시적일 뿐이라는 점을 제시하고 있지만 제목으로 하기에는 범위가 좁습니다.

● 문단

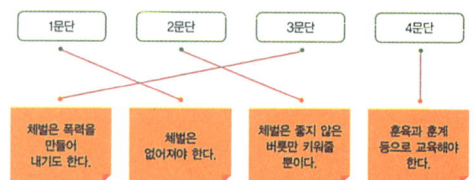

 ## 요목조목 따져보기

1. ①, ③
2. ③

> **해설**
> 글쓴이는 체벌은 없어져야 한다고 주장하고 있습니다.

글밥지도 그리기

가 ② 연극
나 ① 옛날
다 ③ 어느 마을
라 ④ 행동
마 ⑤ 순서와 방향
바 ⑦ 자기 공만 내세우고 친구를 존중할 줄 모른다.

● 제목

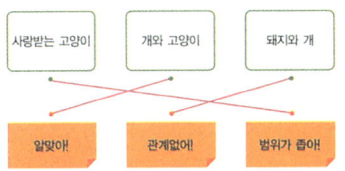

> **해설**
> • **사랑받는 고양이** : 이 이야기의 주인공은 개와 고양이이므로 '사랑받는 고양이'를 제목으로 하기에는 범위가 좁습니다.
> • **개와 고양이** : 개와 고양이의 역할을 중심으로 한 이야기이므로 제목으로 알맞습니다.
> • **돼지와 개** : 돼지는 나오지 않으므로 제목과는 관계가 없습니다.

● 순서

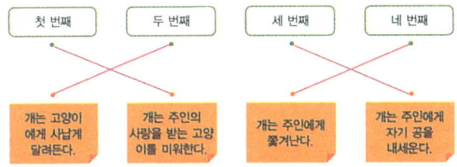

끄덕끄덕 공감하기

1. 아부하는 목소리로
2. ①

> **해설**
> 주인은 친구를 존중할 줄 모르고 자기 공만 내세운다는 이유로 개를 쫓아냈습니다.

글밥지도 그리기

가 ③ 가을 학예회
나 ④ ○○ 초등학교 전교 어린이 회장 송영희
다 ② ○○ 초등학교 체육관
라 ① 학부모님
마 ⑧ 학부모님들을 모시고 학예회를 열고자 합니다.
바 ⑦ 우리들의 솜씨

● 제목

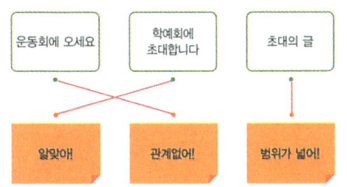

> **해설**
> • **운동회에 오세요** : 이 글은 운동회와 아무런 관계가 없습니다.
> • **학예회에 초대합니다** : 학부모님들을 학예회에 초대하는 글이므로 '학예회에 초대합니다'가 제목으로 알맞습니다.
> • **초대의 글** : 무슨 일로 초대하는지가 분명하게 드러나게 제목을 쓰는 것이 좋습니다. '초대의 글'은 제목으로 범위가 너무 넓습니다.

● 짜임

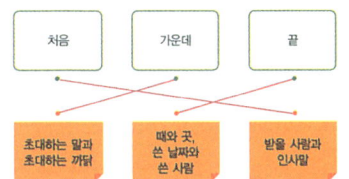

요목조목 따져보기

1. ①, ②, ③
2. ①

> **해설**
> 이 글은 학예회에 부모님을 초대하기 위해 쓴 글입니다.

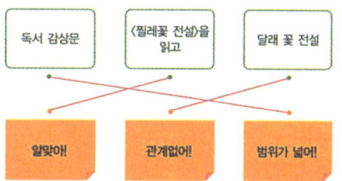

가 ③ 찔레꽃 전설
나 ⑤ 꽃 전설이 궁금해서
다 ① 찔레
라 ④ 달래와 아버지
마 ⑥ 하얀 눈
바 ⑦ 원나라 사람들

● 제목

독서 감상문	《찔레꽃 전설》을 읽고	달래 꽃 전설
알맞아!	관계없어!	범위가 넓어!

해설

• **독서 감상문** : 제시문은 책을 읽고 감상을 적은 독서 감상문입니다. 하지만 이 제목은 어떤 책을 읽었는지 구체적으로 드러나지 않아 범위가 넓습니다.

• **《찔레꽃 전설》을 읽고** : 《찔레꽃 전설》 이야기를 읽고 쓴 독서 감상문이므로 '《찔레꽃 전설》을 읽고'가 제목으로 알맞습니다.

• **달래 꽃 전설** : 등장인물 가운데 '달래'가 있지만 달래 꽃 전설과는 관계없습니다.

 끄덕끄덕 공감하기

1. 통쾌하다.
2. ②

해설

이 글의 주인공인 찔레는 약초를 캐러 산에 갔다가 벼슬아치에게 잡혀 강제로 원나라로 끌려가게 되었습니다.

글밥지도 그리기

가 ① 삽살개
나 ④ 액운이나 사람을 해치는 귀신을 쫓아내는 개
다 ③ 신라 시대부터
라 ② 귀는 누웠으며 주둥이는 뭉툭하다.
마 ⑦ 경계심
바 ⑧ 천연기념물 제368호

● 제목

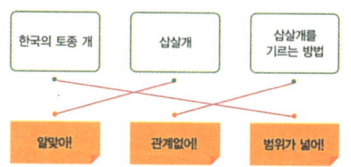

한국의 토종 개	삽살개	삽살개를 기르는 방법
알맞아!	관계없어!	범위가 넓어!

해설

• **한국의 토종 개** : 한국의 토종 개에는 진돗개, 풍산개, 삽살개 등 여러 가지가 있으므로 '한국의 토종 개'는 제목으로 하기에 범위가 넓습니다.

• **삽살개** : 삽살개의 뜻과 유래, 생김새와 성격 등에 대해 설명하는 글이므로 '삽살개'가 제목으로 알맞습니다.

• **삽살개를 기르는 방법** : 이 글은 삽살개에 대해 설명하는 글입니다. 삽살개를 기르는 방법에 대해서는 설명하고 있지 않아 관계없습니다.

● 문단

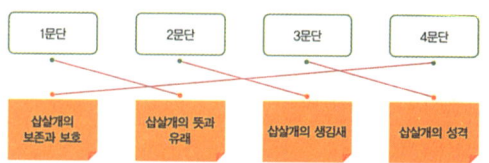

1문단	2문단	3문단	4문단
삽살개의 보존과 보호	삽살개의 뜻과 유래	삽살개의 생김새	삽살개의 성격

 요목조목 따져보기

1. ①, ⑤
2. ①

해설

삽살개는 주인에게 충성스러운 개로 잘 알려져 있다고 하였습니다.

글밥지도 그리기

- **가** ⑧ 교실 청소
- **나** ⑤ 향금, 준호, 석문, 유진
- **다** ⑦ 대걸레
- **라** ① 손걸레질 하기
- **마** ④ 걸레 빨아서 널기

● **제목**

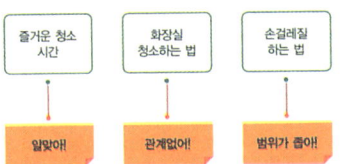

> **해설**
> • **즐거운 청소 시간** : 청소하기의 즐거움에 대해 쓴 일기입니다. '즐거운 청소 시간'이 제목으로 알맞습니다.
> • **화장실 청소** : 본문에 '우리들이 매일 돌아가며 교실 청소를 한다.'라는 말이 나옵니다. '화장실 청소'와는 관계없습니다.
> • **손걸레질 하는 법** : '바닥 쓸기 – 바닥 닦기 – 손 걸레질 – 걸레 빨기' 순으로 청소하기의 순서를 쓰고 있습니다. '손걸레질 하는 법'은 제목으로 범위가 좁습니다.

● **마음의 변화**

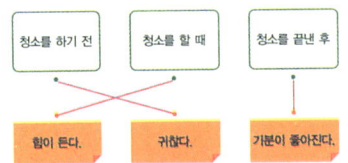

 ## 끄덕끄덕 공감하기

1. 찝찝하다.
2. ③

> **해설**
> '도망갈까?'라는 생각은 청소를 한 번 더 하고 싶은 마음 때문이므로 책임감이 없다고 말할 수 없습니다.

 ## 글밥지도 그리기

- **가** ⑥ 뇌
- **나** ① 언어
- **다** ⑧ 상상력, 창의력 담당
- **라** ⑤ 좌뇌보다 우뇌가 크다.
- **마** ④ 사고력과 창의력을 키움
- **바** ② 손을 많이 쓰는 놀이와 훈련

● **제목**

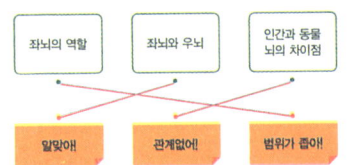

> **해설**
> • **좌뇌의 역할** : 좌뇌와 우뇌를 비교 설명하는 글이므로 '좌뇌의 역할'은 제목으로 하기에 범위가 좁습니다.
> • **좌뇌와 우뇌** : 좌뇌와 우뇌의 여러 가지 역할과 발달 방법 등에 대해 설명하는 글이므로 '좌뇌와 우뇌'가 제목으로 알맞습니다.
> • **인간과 동물 뇌의 차이점** : 동물 뇌에 대한 내용은 나와 있지 않으므로 관계없는 제목입니다.

 ## 요목조목 따져보기

1. ① 좌 ② 우 ③ 우 ④ 좌
2. ④

> **해설**
> 우뇌가 발달하면 한번도 경험하지 않았던 것도 직감으로 해결하는 능력이 길러진다고 하였습니다.

글밥지도 그리기

㉮ ① 돌쇠, 멍군
㉯ ⑦ 나무 위로 올라갔다.
㉰ ④ 바닥에 누워 죽은 시늉을 했다.
㉱ ② 멍군
㉲ ⑧ 이기적이다.
㉳ ⑥ 지혜롭다.

● 제목

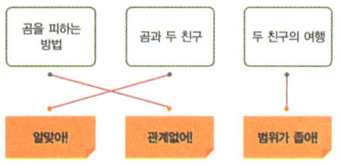

해설

• **곰을 피하는 방법** : 이 이야기는 사이좋은 두 친구가 곰을 만나면서 벌어지는 이야기로 '곰을 피하는 방법'은 제목과 관계없습니다.

• **곰과 두 친구** : 두 친구가 곰을 만나면서 진정한 우정을 깨닫는 계기가 되었으므로 두 친구와 곰이 함께 들어가는 제목이 가장 알맞습니다.

• **두 친구의 여행** : 이야기에서 두 친구가 여행을 떠난 것은 맞습니다. 하지만 글의 전체 내용을 아우르기에 범위가 좁습니다.

● 순서

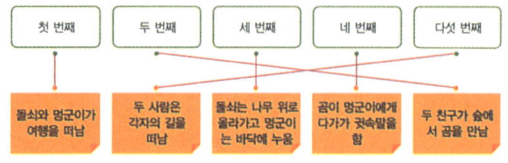

 끄덕끄덕 공감하기

1. [예시]
• 자기 혼자만 살겠다고 도망치다니. 정말 못된 친구군.
• 어떻게 나만 두고 혼자 도망칠 수 있니?

2. ④

해설

우정의 소중함을 이야기하는 글이므로 자기 목숨이 소중하기 때문에 친구의 어려움을 외면할 수 있다는 의견은 글의 주제와 거리가 멉니다.

글밥지도 그리기

㉮ ③ 스포츠 신문
㉯ ② 김연아, 피겨 여왕에 등극
㉰ ⑧ 동계 올림픽 피겨 스케이팅 여자 싱글 금메달 차지
㉱ ① 캐나다 밴쿠버 퍼시픽 콜리세움
㉲ ④ 금메달을
㉳ ⑦ 총점 228.56점을 기록하여

● 기사의 내용

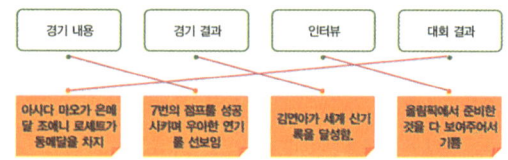

 요목조목 따져보기

1. ④, ⑤

2. ④

해설

기사를 통해 경기 내용과 결과, 인터뷰 내용에 대해서는 자세히 알 수 있지만 김연아의 다음 일정에 대해서는 알 수 없습니다.

글밥지도 그리기

가 ④ 장기려
나 ② 1911년 평안북도 용천
다 ③ 외과 의사
라 ⑥ 따뜻한 마음으로 병들고 가난한 사람을 잘 돕는다.
마 ⑤ 막사이사이 사회봉사상
바 ⑧ 사회봉사
사 ⑦ 한국의 슈바이처

● **제목**

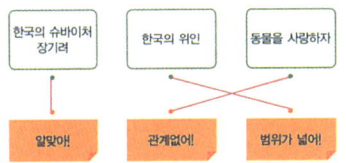

> **해설**
> • **한국의 슈바이처 장기려** : 장기려는 의사로서 사회봉사로 일생을 보낸 사람이므로 슈바이처와 비교되기도 하였습니다. '한국의 슈바이처 장기려'는 이 글의 제목으로 알맞습니다.
> • **한국의 위인** : 한국의 위인에는 세종 대왕, 장영실, 신사임당 등 수많은 사람이 있습니다. '한국의 위인'을 제목으로 하기에는 범위가 넓습니다.
> • **동물을 사랑하자** : 장기려 박사의 일생, 업적과 평가를 쓴 글입니다. '동물을 사랑하자'라는 내용과는 관계없습니다.

끄덕끄덕 공감하기

1. 원망스럽다.
2. ④

> **해설**
> 의사라고 해서 모두 일생을 봉사하는 삶을 살지 않으므로 장기려가 한 일을 당연하게 볼 수는 없습니다.

글밥지도 그리기

가 ③ 우리말
나 ② '마니', '이따'
다 ⑥ '뱌뱌싱', '쩝'
라 ⑧ 쉽고 재미있게
마 ④ 소외감

● **제목**

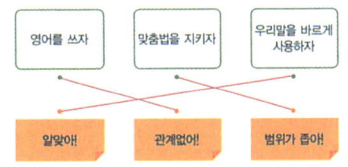

> **해설**
> • **영어를 쓰자** : 외계어 사용은 의사소통을 방해하고, 이를 모르는 사람들에게 소외감을 줄 수 있다고 하였습니다. '영어를 쓰자'라는 제목은 이 글과 관계없습니다.
> • **맞춤법을 지키자** : 이 글은 맞춤법을 지키자는 내용 외에도 영어를 섞어 쓰지 말자는 등의 내용이 포함되므로 '맞춤법을 지키자'를 이 글의 제목으로 하기에는 범위가 좁습니다.
> • **우리말을 바르게 사용하자** : 이 글은 우리말을 바르게 사용하지 않는 예를 들고 우리말을 바르게 사용할 수 있는 해결 방안을 제시한 주장하는 글입니다. '우리말을 바르게 사용하자'가 이 글의 제목으로 알맞습니다.

● **문단**

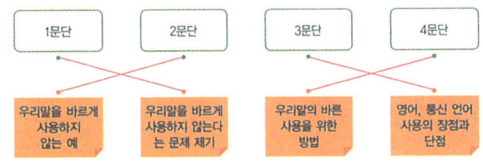

요목조목 따져보기

1. ①, ③
2. ②

> **해설**
> 영어나 통신 언어 사용이 자신의 생각을 쉽고 재미있게 전달할 수 있다는 장점도 있지만 통신 언어 사용의 문제점이 많으므로 우리말을 바르게 사용하자고 주장하였습니다.

글밥지도 그리기

가 ③ 남이섬
나 ② 이모
다 ① 많이 기대되었다.
라 ⑦ 시인 아저씨
마 ⑧ 평화로움
바 ⑤ 소설가 김유정

● 제목

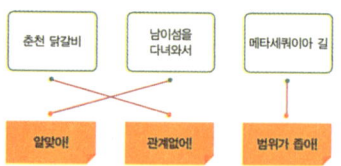

> **해설**
>
> • **춘천 닭갈비** : 이 글은 여정과 견문을 중심으로 쓴 기행문입니다. '춘천 닭갈비'는 글과 전혀 관계없는 내용입니다.
>
> • **남이섬을 다녀와서** : 이 글은 남이섬을 다녀온 뒤, 본 것, 느낀 것, 생각한 것 등을 쓴 글이므로 '남이섬을 다녀와서'가 제목을 알맞습니다.
>
> • **메타세쿼이아 길** : 남이섬에서 메타세쿼이아 길에 들렀다는 내용이 있지만 그 외에도 메타폰드, 실레 마을 등에도 다녀왔기 때문에 '메타세쿼이아 길'을 제목으로 하기에는 범위가 좁습니다.

● 둘러본 곳

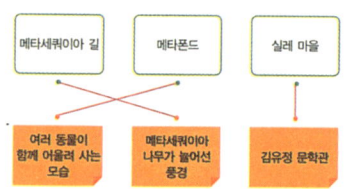

끄덕끄덕 공감하기

1. ① 설레다. ② 반갑다.
2. ①

> **해설**
>
> 드라마의 한 장면을 흉내 내며 사진을 찍은 것은 남이섬이 유명 드라마를 촬영했던 곳이기 때문입니다.

글밥지도 그리기

가 ① 고구려표 물방울무늬 의상
나 ⑤ 멋쟁이들의 패션, 고구려표 물방울무늬 의상!
다 ③ 상업 광고
라 ⑥ 입고 벗기 편하게
마 ⑧ 다른 회사를 비방하는 표현
바 ⑦ 효도를 하는 단 한 가지 방법

● 광고 목적

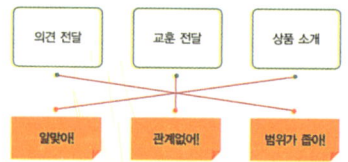

> **해설**
>
> • **의견 전달** : 이 글은 상품을 소개하는 광고문으로 사실과 의견을 동시에 전달하고 있습니다. 그러므로 의견 전달은 광고의 목적으로 범위가 좁습니다.
>
> • **교훈 전달** : 이 글은 상품을 소개하는 글이므로, 광고의 목적이 교훈이 될 수 없습니다.
>
> • **상품 소개** : 이 글은 자신의 회사에서 만든 '고구려표 물방울무늬 의상'을 광고하는 글이므로 광고 목적으로 알맞습니다.

요목조목 따져보기

1. ① 사 ② 의 ③ 사 ④ 의
2. ①

> **해설**
>
> 이 글은 부모님에게 선물하기 좋은 옷을 광고하고 있습니다. 따라서 이 광고문은 부모님을 둔 자녀들을 대상으로 하고 있다는 것을 알 수 있습니다.